MY DIARY

MY DIARY

마이 다이어리

엄마의 방

The second story by Moon Yo-hwan

문요환 작가의
그 두 번째 이야기

좋은땅

CONTENT

21
007

22
027

23
117

24
225

21

11.18. 맑음

1년이면 되겠지 하고 내려왔던 것이
어느새 두 해를 넘기고 있다.
이제는 어느 정도 체계화되고 능숙해져서
어머니를 케어하는 데 별 어려움은 없지만,
그래도 힘들다 느껴지는 건 아마도
자유가 없어서이기 때문이리라.
하루 종일 옆에만 붙어 있다 보니
몸도 망가지고 이상도 사라지는 듯하여
마음 한 켠이 어둡기만 하다. 건강이
날로 좋아지시는 것 같은 어머니를 보고
웃어야 할지 아니면 울어야 할지…

눈 떴을 때

덮은 이불 위아래 숨 쉼에 감사합니다.
끝 새벽 잠드시고 정오에 깨셔서
제 할 일 하게 해 주니 감사합니다.
눈 뜨시고 제일 먼저 저를 찾으시니
예쁨 받는 것 같아 감사합니다.

반찬투정 심하지만 토라지는 나를 보곤
몇 번 더 드시는 그 마음에 참 감사합니다.
생각지도 못한 엉뚱한 한마디로
절 웃음 짓게 해 주심에 참 감사합니다.
한밤 내내, 일으켜 줘 물 줘 안자나
선잠 든 때 안녕함을 알게 해 줘 참 감사합니다.

젖은 기저귀로 쌌다 안 쌌다 내기하며
매번 지시고는 웃으시니 저도 즐겁습니다.
항상 제 곁에 계셔 주셔서 감사하고
말수 적은 과묵한 아들이라 미안합니다.
이것밖에 못 해 주는 부족한 아들이라
송구하고 정말, 정말 죄송합니다 어머니…

11.25. 맑음

끝 새벽에 겨우 잠드시는 어머니의 기저귀를
갈아 드리고, 커피 한잔으로 마음속 불평을
달래 보고는 청소와 빨래… 찬을 만든다.
오늘 어머니의 점심 식사는 찰밥에
물메기탕과 도토리묵. 맛없어도
싹 다 비워 주시는 그 모습에 감사드리며,
간식거리로는 고구마튀김을 준비하여 본다.

어제보다는 다소 얌전해진 날씨 속
따사로운 햇살 받으며, 이제는 바닥을
드러낸 술독의 마지막 술잔을 기울이며
나름의 소소한 행복을 누려 본다.

비록 다른 이들처럼
바쁜 일상, 치열한 삶 속에서 쟁취하는
값진 행복은 아닐지라도 지금은…
당분간은 이 삶에 불평 없이 만족하려 한다.

탱글탱글 알알이
조심조심 꺼내어
비비고 찌고 말리고

시간의 양념
살짝 뿌려 주니
톡톡 톡 톡
누런 황금빛
막걸리 되었다.

고이고이
한 움큼 담아내어

곱게 곱게 넘겨보니
그대로
외로움 사라지더라

홀짝홀짝 적셔대니
그대로
웃음꽃 만발하여라

꿀꺽꿀꺽 마셔대니
그대로
세상이 내 것 되고,

벌컥벌컥 들이켜니
그대로
하늘이 이불 되누나.

11.26. 맑음

쪄 놓은 감자와 달디 단 커피 한 잔 들고
저물어 가는 가을의 끝으로 길을 나선다.
나이 들어 몸을 잘 가누지도 못하고
잘 듣지도 잘 말하지도 못하는 어머니지만,
아직은 꽃을 좋아하고 노래를 사랑하는
소녀의 감성을 가지신 이분을… 허락된다면
지금에 그 마음 그대로의 모습으로
생의 끝까지 지켜 드리고 싶다.

세상에 나 있음을 감사하고
내 곁에 너 있음을 감사하며
만나게 될 인연 있음을 감사하자

나와 함께해 준 어제에 감사하고
내 곁에 있는 오늘에 감사하며
내일의 기회 있음에 또 감사하자

때로는 삶에 지치고
외로움에 쓰리고
갈 길 몰라 두렵지만,
내가 있어 세상 있고
세상 속에 나 있으며
함께할 세상 또한 있으니
너무 아파하지는 말자

나는
누군가의 사랑받아 태어나고
누군가를 사랑하며 살아가고
누군가의 사랑속에 살고있는
특별하고 고귀한 존재임에,
매일을 감사해하며
웃음으로만 살도록
노력하여 보자.

11.30. 비

운전 중 라디오에서 흘러나오는 소리.
"힘들면, 떠나 보세요."
이 얼마나 가슴 떨리는 말인지…

20년 전 하던 일을 그만두고 고향에 내려와
자리에 누우신 아버지와
2년여의 동거 생활을 끝낸 후,
'수고했어'라는 위안을 핑계 삼아 떠났던
2년간의 정처 없던 여행길…
두서없이 전국을 돌며 참 많은 것을
보고 듣고 느끼고 치유할 수 있었던
30대의 소중한 추억에 보고였었다.

비와 바람, 번개와 진눈깨비가 공존하며 나부끼는
미친 듯한 11월의 끝날 끝 시각에 선 지금…
DJ의 떠나 보라던 그 말이
심연 속에 숨어 있던 '떠나고 싶다'라는
본능적 욕구를 사정없이 자극하며
어여가자 어여가자
자꾸만 나를 부추기고 있다.
그러면 안 된다는 걸 뻔히 알면서도…
그러면 안 되는걸 잘 알면서도 나는…

우르르릉 �꽝

놀란 가슴 움켜쥐며 하늘 보니
무수히 많은 음표 내려와
차창 위 오선지에 빼곡 들어차
한편의 서사적 음률 만드니
이 어찌 경이롭지 아니한가!

투둑, 투두둑
쏴아악 번쩍
쏴악 우르릉 쾅!

나를 위한
나만을 위한
장엄한 협주곡에
끓어오르는 전율
뇌리를 때리고,

사시나무 떨리듯
온몸 휘몰아쳐 오는
벅찬 감동의 위대한
서정적 향연 앞에
주체 못 할

감정의 소용돌이에
휘말려 나는…

정갈한 이성의 끈
훌훌 벗어 던지고,
마음껏 소리치고
목청껏 노래 부르며
실없이 웃어나 본다
미친 듯 발버둥 치고
목 놓아 울어도 보아
가슴속 응어리
모두 다 씻어 내
나에게서 해방 맞고

자유인 되어
비로소 나는
나를, 찾는다

12.5. 맑음

왼쪽 다리가 이상하다.

육체적 고통에 마음의 그것 줄어드니
다행이라 위안 삼아야 하나?
곁에 누군가가 있어 이야기 나누며
이 아픔, 잊고 싶어지는 밤이다.

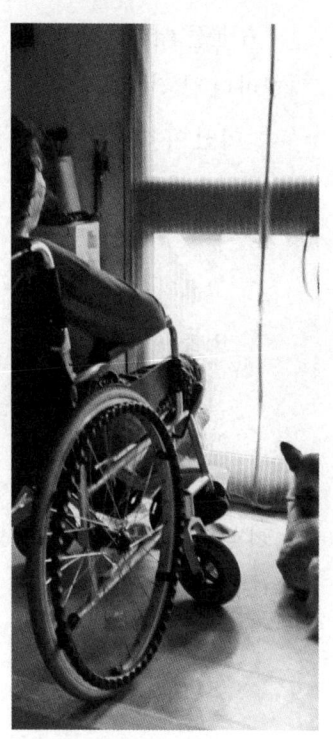

어제의 그가
신의 명령 따라
깊은 땅속 들어가
사무치게 그리워
외치는 소리…

칠흑의 하늘 있어 위안받고
기대 볼 대지 있어 위로되니
잘나고 못나고
누군들 어떠하리,
한마디 말 건네고 받을
어떤 이 하나만
있었으면 좋겠네…

고요의 적막
어둠의 장막

이제는 말 줄
말줄 이 없어
침묵 속 누에의 나날
보내야 하는 나이기에,
그 어떤 이
와만 준다면

아낌없이 이내
모든 것 드리리
신에 맞서
그대 편 되어도 주리…

12.17. 맑음

잠시 잠깐 사이
앙상했던 가지마다 때 이른 벚꽃이 피고
삭막했던 지붕 위에 이팝나무 꽃 만개하다.

삼백예순날의
기다림 끝에 피어진 고귀한 첫 꽃이거늘,
나 못 본 사이 슬며시 피워 낸 그들에게
일말의 배신감마저 느껴 보는 미시의 시각…

구름 위에 오른 양 천상의 화원마냥
새하얗게 물든 그 빛깔 곱기도 곱고,
눈부시게 환한 그 자태
어여쁘고 또 어여뻐라.

일단의 바람결에 은빛 편린 되는
눈꽃의 시린 향기에 그만,
두근거림의 요동을 느꼈다
사춘기 소년의 설렘이
가슴속 깊이 스며들고 말았다.

12.31. 눈

어느덧 시간 흘러
21년도의 마지막 날…
또다시 새로운 한 해를 맞이하며 나는
또다시 새로운 각오를 다지겠지.
그러고는 또다시 일 년 후의 오늘에
또다시 가슴 치며 아파해 할 테고…

다시는 후회하지 말자.
다가올 내년에는 새로운 내가 되어
다시는, 다시는 후회를 하지 말자.

설렘 안고 어미 떠나
걷고 뛰어
멀리도 와 버린
이 길…

희망과 포부로
무거웠던 짐은 어느새
시련과 갈등에 가벼워지고,
지나오며 놓친 기회와
보지 못한 이상으로
허탈과 아쉬움에
천근이 되어 버린
이내 걸음…

허망으로 뒤 돌아보니
떠나온 집 보이질 않고,
내려진 비 떼들로
지난 길 사라져
돌아갈 수 없으니
소풍 같던 이 길이
애초에 후회로구나!

남겨진 미련에

보물찾기 기다릴
마지막 목적지로는
그래도
가는 봐야겠지…
걸어는 봐야겠지…

서러움에 참,
많이도 울고 웃는
알 수 없을
이 인생길.

22

1.10. 흐림

20분쯤 후에 집에 오겠다는
갑작스런 친구의 전화.
통화 후 1시간여 만에 친구 내외가
양손에 두툼한 봉지를 한 아름 들고
대문 안에 들어선다. "바쁜데 왜 왔어?"
말로는 시큰둥했지만 실은 설렘에 못 이겨
여러 번 대문 밖을 서성거리던 나였다.

어머니와 나, 친구 내외간의 윷놀이.
애초의 계획대로 져 주면 좋으련만
친구 내외는 계속 이기기만 하고…
이번 판은 우리 팀이 거의 이긴 게임.
'드디어 이기는구나!'
말을 다 잡혀 처음부터 다시 시작해야 하는
상대팀이 [도], 또 [도]가 나오니 측은지심이…
그런데, [빽도]가 나오니 전세 역전…게임 끝.
어머니도 나도 할 말을 잃는다.

날도 추운데 한사코 정자에서
고기 구워 먹자고 졸라대는 친구.
타닥타닥 불멍이 좋다고… 부창부수

아니랄까봐 탄내 나는 나무 향이
좋다고 말하는 친구 내외를 바라보다가
혹시나 감기 걸리지 않을까 슬그머니
난로를 가져다 놓는다.

지금은 한 줌 재가 되어 싸늘한 겨울 되버린
모닥불의 잔해 속에서… 따스한 온기 피어올라
포근히 날 감싸 안아 주는 듯한 느낌을 받는 건
아마도, 친구가 남겨 놓고 간 훈훈한 정이
아직까지도 깊게 배어 있기 때문은 아닐는지…

우리의 만남은
한낮의 태양처럼
뜨겁게
세상을 달구었고,
우리의 이별은
석양의 노을처럼
애틋한
아쉬움을 남겼다.

같이 웃고
같이 울며
우리가 같이 썼던
오늘의 영광을
어둠속에 묻고

저 별들처럼
다시 피어질
우리의 만남을
꿈꾸며 나는,

찾아온 고독과
한잔 술 나누며
또다시 너를
이야기 한다.

1.11. 눈

아가야 잘 있지? 엄마야.
나오면 재밌게 살자꾸나.

와 줘서 고마워 내 새끼.
우리 애기 착한 애기 잘도 잔다 자장자장.
쉬이 쉬이 내려가라 엄마 손은 약손 애기 배는 똥배.
우리 애기 얼른 커서 훌륭한 사람 돼야지?

미안해 미안해 엄마가 잘못했어.
늦겠다 빨리 밥 먹고 학교 가야지.
죄송합니다 죄송합니다 다 제 잘못입니다.

돈 아끼지 말고 꼭 사 먹어.
잘 지내지?
밥 잘 먹지?
필요한 거 있으면 말만 해.

우리 강아지들 안 아프지?
먼데 왜 내려와 그냥 푹 쉬어.
내 새낀데 그깟 돈 뭐가 아까워.
내 걱정은 하지 말고 너나 잘 살아.

그 많은 삶의 순간순간들
어미라는 이유만으로
주기만 하고 참기만 하고
미안해하고 걱정만 하고…

미안합니다
죄송합니다
정말 죄송합니다
죄송합니다 어머니…

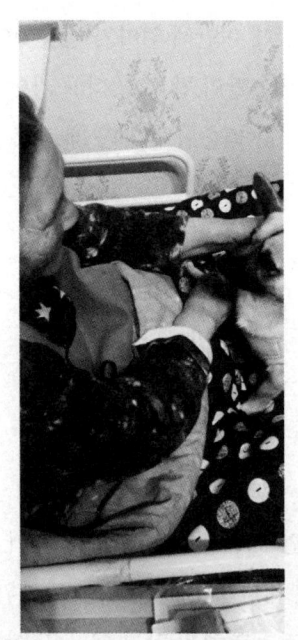

1.17. 눈

서로 시간이 맞지 않아 기차와 버스,
승용차 타고 내려와 준 친구들…
참 멀기도 한데 꾸역꾸역 잘도 와 주었다.
긴긴 외로움의 시간들… 친구들이
골고루 나눠 가져가니 허했던 마음에
즐거움 들어올 공간 생겨 참 많이
웃을 수 있었던 날이었다.

바람이 좋다
구름이 좋다
하늘이 좋다

친구야
나는 네가
참 좋다

너와 함께 있으면
모두가 추억이 되고
모두가 낭만이 되고,

너와 함께하면
모두 다 그림이 되고
모두 다 영화가 된다

너와 함께해서 좋고
너랑 함께여서 좋고
네가 함께라서 좋다

너와 함께하는
모든 날들이 내겐,
더 없을 행복이다

1.24. 맑음

쉬이 잠들지 못하는 밤이다.
시간은 새벽 5시를 향해 가고,
갑갑한 마음에 밖으로 나와
피워 문 담배 연기를 피해
별님들은 하나둘 사라져만 간다.

2시경, 겨우 잠들려 할 때
선잠 든 어머니의 잠꼬대 소리…
엄마, 엄마!
꿈결에 외할머니를 만나셨나 보다.
희미한 TV 불빛으로 바라뵈니
눈가에 그렁그렁 물기 맺혀 있다.

내가 잘못하고 있나?
무슨 일 없겠지?
아파지는 건 아니겠지?
여러 생각에 정신은 맑아 오고
잠 못 드는 눈가는 쓰라려지고…
그러다가 자연스레
또 아침을 맞는다.

겨우 잠든
새벽을 깨우는
엄마 엄마
어머니의 잠꼬대…

아!
엄마도
엄마가
있었구나.

그리움에
그리움 더한
한 소녀의
진한 설움

부르고
부르다가
터져 버릴
애달픈 마음,

구슬프게
맺혀지는
눈가에
한스런 이슬…

또다시 밀려드는
엄마엄마 소리에
가슴이 미어진다
아파온다…
찢기운다…

2.5. 눈

며칠 사이 또다시 찾아드는 통증.
밥상도 차려야 하고 보일러 통에 기름도
넣어야 하고, 기저귀도 갈아드려야 하는데…
자리에 드러누워 다리의 통증 잠시 잊을 수 있는
지금의 이 행복에서 벗어나고 싶지가 않다.

건강이든 인연이든 소중함 모르고 살았던
지난 많은 날들에 미안해지고 속상해지는…
마음 심란한 그런 날이다.

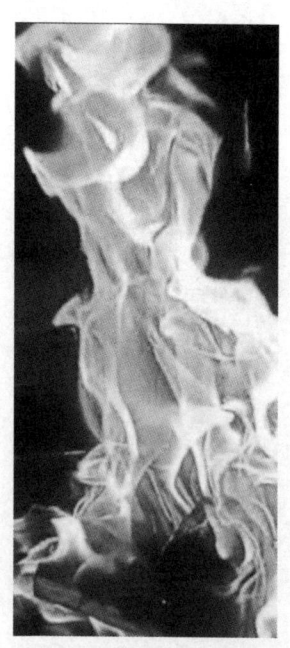

도려내고 싶은
　이 통증…

버리고 싶은
　이 고통…

　차라리
묻고 싶은
　이 아픔…

하지만 지금은,

찾아드는 설움에
괜찮아질 거라
　토닥이며
나를 위로하고
위로할 수밖에…

번져지는 눈물에
지쳐 가는 영혼
　안아 주며
달래 보고, 또
달래 볼 수밖에…

언젠가는
이 모든 것
사랑할 수 있는
그런 날 오겠지?

언제인가는…

2.17. 맑음

새벽 3시.
깜빡 든 잠에서 깨어 자리에 앉으니
어느새 어머니의 목소리 들려온다.
안 주무시고 나 깨기만을 기다리셨나 보다.
젖은 기저귀를 갈아 드리고,
자리에 앉혀 드리며 물 한 잔 드리고
쭈글쭈글 골 배긴 등 이곳저곳 긁어 드리니
"아휴~ 시원해~ 너 안 낳았으면 어쩔 뻔했냐?"
"허!… 그러게…"
"네가 최고야~ 오늘 애들 올라가지?"
"응~"

이제사 잠에 곯아떨어지시는 어머니…
방바닥엔 사춘기 이쁜 딸래미가
이불 푹 뒤집어쓰고 자고 있고,
침대 위엔 디룩 디룩 살찐
귀요미 아들래미가 자고 있다.
몸을 요리저리 비틀어 가며 코까지 골면서
자고있는 말썽쟁이 일루도 보이고…

한방 가득 모두가 모여

정신없이 자는 모습에
훈훈한 마음과 더불어 흐뭇한
미소가 지어지는 지금 이 순간이…
너무나, 너무나 좋다.

언제나 언제까지나, 이렇게만
살 수 있으면 얼마나 좋을까!

2.19. 흐림

한 달 동안 시끌벅적 정신없이 지내다가
학업 준비로 아이들 올라가 버리니
횡 하니 텅 빈 집만큼이나 마음도 텅 비어,
허함에 잠 못 이루며 뜬눈으로 밤을 지샜다.

이 시각이면 나는 청소기 돌리고
아이들은 일루와 장난질 치며
온 집안 마구 휘젓고 다니고 있을 텐데…
고함과 비명 소리에 어머니도 잠 깨어
밥 먹자 고래고래 소리치고 있을 테고…

있을 때 그 소중함 모르고
떠난 후 손 흔들며 발 동동 구르는…
나 또한 어쩔 수 없는 사람인가 보다.
누군가가 더욱 그리워지는
흐린 겨울 하늘의 쌀쌀한 오전 11시.

어제도 그렇고 오늘도 그렇고,
습관적으로 밥숟가락 네 개를 준비하는
바보 같은 나…

2.21. 맑음

밤사이 하얀 눈 수북이 내려앉았다.
아마 이곳에 내리는 마지막 눈일지도…

끝 새벽에 주무신 어머니에 맞춰
아침을 건너뛴 점심시간…
식사를 하시다가 갑자기 신음소리가 난다.
무언가를 토해 내려 하시나 기력이 딸리시는지
점점 얼굴빛은 빨개지고, 혀가 말려
숨을 못 쉬니 귀에서는 압을 못 이겨
피가 흘러나와 옷깃을 빨갛게 적신다.
순간 머릿속을 헤집고 튀어나오는
불결한 단어 하나에 눈앞이 아찔하다.
등 뚜드리고 손가락 넣어 밥알 나오니
그제사 잔기침 몇 번에 긴 한숨…

앞으로도 몇 번, 몇십 번은 더 있을
이러한 일에 내가 할 수 있는 건 그저
옆에 있어 주고 씻겨 주고 말동무하고
맛난 것 드리는 그런 사소한 것밖에는…
그 이상의 것 해 드릴 수 없는 나약함에
가슴이 저려오는 그러한 오후이다.

가지위 하얀눈꽃 햇님오니 가시고
지붕위 하얀잔설 햇살쬐고 가시니
어머니 하얀백발 아침오면 가실까

때까치 접힌날개 햇님오니 펴지고
채송화 접힌꽃잎 햇살쬐고 펴지니
어머니 접힌다리 아침오면 펴질까

꿈속에 어머니는 사뿐사뿐 걷던데…
꿈속에 어머니는 깡충깡충 뛰던데…
꿈속에 어머니는 나풀나풀 날던데…

이겨울 지나가고 따스해질 봄오면,
노란꽃 머리꽂고 좋아하는 꽃구경
마음껏 가자스라 사랑스런 어머니

2.22. 맑음

복사꽃 화사함이 내 님의 얼굴인가
난초향 수려함이 내 님의 자태련가

작약꽃 설렘속에 민들레 연정 품고
잠든 밤 꿈속으로 살며시 찾아와선
봉선화 애간장에 말없이 가는 당신

봄바람 살랑이면 무더위 일렁이면,
찬바람 출렁이면 달려와 주시려나
아! 얌전도 하신 나의 님…

2.24. 맑음

차갑던 겨울 지나
따스할 봄이 오니
얼었던 마음 스르르 녹아
이상한 감정이 꿈틀거린다.

담장 밖 세상도 그립고
날아온 새들도 부럽고
서글픈 청춘도 아쉽다.

하나씩
하나씩
놓아야 산다.

그리움에
그리움 더한
못난
이
사랑도,

기다리고
기다리다
말라 버릴
내
청춘도

부르고
부르다가
터져 버릴
가엾은 이내
영혼도

이제는,

이제는
버려야 한다

그렇게
그렇게

살기 위해
나는
돌이 되어
가리라.

2.26. 비

널 생각하면
마냥 평온한 듯
행복하다가도
네 목소리 들으면
들뜨는 욕심에
주체를
할 수가 없어

그러다가 어쩌다가
널 보면
자꾸 눈물이 나

보고 싶어
보고 싶어

너만 모르는
바보 같을
이 사랑…

부르고 부르다
나만 썩어질
이 못난 사랑 아!

3.1. 흐림

고요의 적막 속에
똑 똑 시계 소리와 뚝 뚝
빗방울 소리 들리는 새벽 0시…

헤어짐 아쉬워 쉬이 발걸음 떼지 못하고
어둠 속에서 조용히 눈물 흘리는 2월의
마지막 밤이 구슬퍼 못내 잠 못 이루고,

한 아름 꽃다발 등 뒤에 감추곤
살포시 봄 내음 풍기며 빗물 타고 내려오는
3월의 첫인사에 설레어 마냥 잠 못 이룬다.

또다시 찾아와 준 이 봄에는 정말, 마음속
욕심 덩어리 다 내려놓을 수 있었으면 좋겠다.
내리는 빗방울 수만큼이나 모든 것
감싸 안을 수 있는 그런 마음
가질 수 있었음… 참 좋겠다.

3.3 맑음

가지마다 송이송이
봉오리 맺히니
이제, 겨울 가고
봄 옴을 알겠구나

겨울 지나 봄은
차가운 눈 속
들쑤시고 일어나
예쁘고 환한 꽃
또다시 피우겠지?

돌고 돌아
어김없이
봄은 오건만,
나에게는
오지 않을 봄이기에
속상함만 가득가득…

하얀 눈꽃 되어가는
이내 설움
뉘에게나 호소할꼬!

3.13. 비

겨우내 눈꽃 피고 지어
슬프고도 어여뻤던 대지의
그 자태 그 유혹에
기나긴 짝사랑 수줍은 용기 내어
어제는, 설레는 마음 바람결에 담아
꽃내음 편지 실어 보내고…

오늘은 빗물 타고 내려와
한 아름 꽃다발 안기우며
터지려는 두근거림의
입맞춤하고 있는,
어느 얄밉고도 부러운
3월 13일의 봄을 바라본다.

3.16. 맑음

언제가 끝일지 모를 반복적인 일상…
오늘 햇살은 보고만 있기엔 아까울 정도로
참으로 맑고 곱기도 하다. 여기저기에
새싹들 피어오르고 봉오리는 망울망울,
봄바람은 살랑살랑…

어디로든 무작정 떠나고픈 마음에
심술도 나고 살짝 아파도 오는…
지난날의 자유롭던 내가
한없이 그리워지는 날이다. 오늘은…

사르르 피어나는
아지랑이 속 그대 영상…
추억에 젖고 젖어
어느새 가슴 속
호수를 이루고,

스르르 흘러가는
뭉게구름 속 그대 얼굴…
보고픔 쌓이고 쌓여
어느덧 가슴 속에
산이 되었네.

오롯이 내 것이길
바라는 못된 욕심에
신음하고 괴로워하는
내게, 봄은

파르르
한줄기 미풍 속
그윽한 꽃향기로
숨통 틔워
달래어 주고,

푸르르
솟아나는 새싹들
귀여운 율동으로
웃음 건네며
위안도 주누나!

소망하는 바램
뒤로한 채,
또다시 찾아든
그대 그리움에
나 살리려고
봄은
또 이렇게
오셨나 보다.

3.17. 비

혹시나 하는 마음에 세 번째 자가 진단…
음성, 어머니도 나도 일단 이상은 없다.
사흘 전부터 목이 간질간질하고, 어머니도
기침을 자꾸 해대시니 의심이 갈 수밖에…
일일 확진자 수십만이라는 발표에
내심 걱정이 앞선다.

지금에 이것이 혹여나 그것이라면
그저, 조용히 지나가 주시길…
언제가는 반드시 겪게 되는 일이라 해도
지금만큼은, 여기서만큼은 별 탈 없이
아무 일 없이 조용히 지나쳐 가주시길…

끝 모를 어수선함에 마음은 무거워지고,
내리는 빗줄기 더해져 고독이라는 놈이
더 거세게 다가오는 오늘은…
오늘은 기분이 참 그렇고 그러한 날.

3.18. 흐림

호기심에 집어 든 중학 시절 영어책…
그곳에서 발견된 네 잎 클로버에 순간,
과거의 기억하나가 머리를 스쳐 지났다.
이맘때쯤이었을까? 점심시간에
너와 나, 네 잎 클로버 따다가
책갈피로 끼워 넣었던 것이…

아끼고 아껴서 그랬는지 깨끗하다.
그렇게도 보기가 싫던 책이었는데
그 순간만큼은 왜 그리 반가웠던지…
지금은 하늘나라로 먼저 떠난
너의 얼굴 떠올라 슬픔만이 가득하다.

고서 속에 숨어 있던
네 잎 클로버 하나…

같이 꺾던
너의 얼굴 떠올라
반가움에 [피식]
웃음꽃은 피어지고,

무엇을 기념했는지
언제였는지 기억은
가물가물, 너와 나
누가 먼저 찾아내어
우쭐댔는지는 알기에
웃음꽃이 만발하여지네.

무언가 소망 담겨 있을 너
찾는 이 없어 외로웠을 너
푸름 잃고 잿빛 밀랍 된 너
너 닮은,

시들어 곁에 없는
네 얼굴 떠올라
보고픔에 절로
그리움 싹트네.

3.22. 맑음

"허허"
"허허허"
혼자서 연신 웃으신다.
뭘 그리 웃냐 하니
엄마 노랫소리가 웃기단다.
…
복잡 미묘한 감정에 뭐라 말은 못 하고
그저 베개 한번 매만져 주고는
방에서 나와 담배 한 개비 꺼내 물고
밤하늘을 바라본다.
빛 한 점 없는 어둠이 꼭
지금의 내 마음을 대변하는 듯하다.

점점 본인만의 세상 속으로
빠져들어 가는 그 모습에,
답답하고 두려웁고
서글프고 가여웁고…
딱히 답을 낼 수가 없다.
세상과 동떨어져 가는 그 모습을
보고만 있어야 하는 이 현실이
못내 아쉽기만 하다.

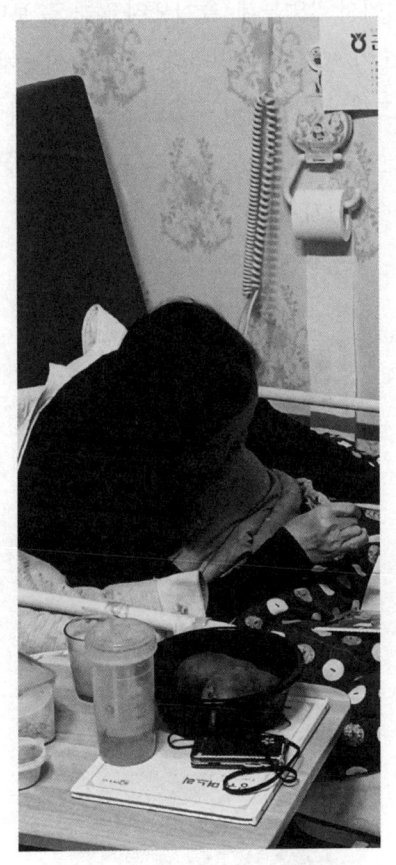

3.25. 비

3일째 소식이 없는 일루의 가출…
간혹 집 밖을 나가더라도 잠은 꼭
집에서 잤었는데, 들어오지 않는 걸 보니
변고가 생긴 게 분명하다. 적적한 이곳에서
그나마 위안거리 주었던 소중한 존재.
2년여를 같이 자고 같이 먹고 같이 놀았던
너였기에, 네가 없는 지금 이 순간
가슴이 답답하고 많이… 슬프다.

오늘 이 비가
많이 슬프다

네가 없는 빈자리
너무 아프다

네가 곁에 있으면
내리는 빗방울
고이 꿰어
목에 걸어 줄 텐데…

네가 곁에 있으면
내려 주는 빗줄기
떼어다가
귀에 달아 줄 텐데…

네가 곁에 있으면
내려오는 빗소리
모으고 모아
고운노래 들려줄 텐데…

네가 곁에 없기에
하도 울어 텅 빈 가슴

내려 준 빗물 담아
채워 보련다

어딘가에 이 비
보고 있을 너이기에
비가 되어
널 보고 싶다

3.26. 비

먹구름 모여들어
자꾸 슬피 우니
하늘 보던 대지도
울게 되고,
꽃과 나무 덩달아
송이송이 이슬 맺혀
하염없이 주르륵
눈물을 흘려대니…

무슨 사연 있길래
검게 검게 타서
그칠 줄 모르고
지상에 모든 것들
이리도 슬픔에
젖게 하는가!

바라보는
이 마음도
알알이 그리움
검게 피어나
빗물만 가득
쌓여가누나

3.29. 맑음

하고자 하는 일 마음대로 하고
가보고 싶은 곳 마음대로 갔었지.

보고자 하는 사람 마음대로 보고
가지고 싶은 건 모두 다 가졌었지.

울타리 속에 갇혀 있다 보니
이제 조금은 알겠어
그때 그 시절이
얼마나 소중했었는지,
또 내가 지금 얼마나
그날들을 그리워하는지도…

정도 그립고 사람도 그립고
세상도 그리워지는 오늘은,
오늘은 정말…그렇고 그러한 날!

4.1. 맑음

어김없이 찾아온 4월.
작년에도 그랬고 재작년에도 그러했듯,
또다시 난 무기력한 모습으로
널 맞이해야만 하는구나.
항상 웃음 잃지 않고 씩씩하고 맑게…
후회되지 않는 삶 살아 보려 하나
그게 생각처럼 쉽지만은 않다.

항상 갈망하고 조바심 내며 아파하고
우울해하는 날 보며 매번 실망하고…
'이러면 안 돼'를 되뇌어 보지만
내 그릇이 작아 어찌할 수 없으니
이제는 수긍하고 체념하며 현실 속에서
나만의 행복을 찾아 나설 수밖에…

이러한 내게 하루라는 기회를
또 선물해 준 오늘에게, 정말이지…
미안하여 고개를 들 수가 없구나.

볼 수 없을
그리움이라면
차라리
버려 버리자

가지지 못할 욕망으로 인해
어제보다 더 커져가는
가슴속 해일로부터
나 살기 위해,
두 손 가득 쥔 너의 향기
이제는 놓아버려야 한다

자꾸만 밀려드는
이 풍랑 속에서
곁에 그 무엇이라도
꽉 부여잡고,
오롯이 나만을
사랑했던 그곳으로
다시 돌아가기 위해

오늘도 난,
살아남아야 한다.

4.3. 맑음

"우리 밥 안 먹냐?" 벌써 세 번째 듣는 말.
"여섯 시에 먹었어요" 세 번째 같은 대답.
식사가 끝나고 30분쯤 지난 시각…
시간의 흐름만큼이나 어머니의 기억력도
참 빠르게 지나치고는 돌아오지를 않는다.
또 그러신다…
"아, 그만 좀 해 쫌~. 우리 밥 먹었다고."
"진짜 왜 그러는 건데… 응?"
생각치도 않고 짜증 내며 내뱉은 말에
듣는 당사자의 놀람은 어떠했을까?
얼마나 쓰라린 상처로 가 닿았을까!
아프다. 마음이… 미안하다.

기억을 놓는다는 것… 어쩌면
신의 마지막 양심의 발로는 아닐까?
인간에게 허락된 작은 구원의 손길…

밥숟가락 뜨면
15도 기울기로
달팽이 기는 것 마냥,
지진 난 것 마냥 덜덜덜…
반은 떨어지고 반만 겨우
벌어지지도 않는 좁은
입안으로 들어간다

'가'인지 '아' 발음인지
알 수 없을 고대의 언어로
"심심해?" 하면 "ㄱㅇㅏㄴ쌌어!"
식사하시고는 "밥 언제 먹냐?"
기저귀 가는 중에도 찔끔찔끔…

다섯 입 먹여 살리려,
비가 오나 눈이 오나
바람이 부나
하루도 쉬지 않고 묵묵히
새벽하늘을 반기셨던 어머니!

채워지지 않는 빈자리에
힘들단 내색 하나 없이
웃음으로 뒤돌아서서

혼자서 참 많이도
울었을 그분이, 지금은
짝궁댕이 되어
삐뚤어진 폼으로
침상에서만 살아 계시다.

삐딱하게 걸린 액자와
비뚤게 걸려있는 시계,
그리고 360날 울어대는
TV와 헤지지 않을 옷들이
먼지를 쓴 채 걸려있는
좁디좁은 방 안…

자유스러움 하나 들어설
공간조차 없는 이곳에
그윽한 엄마만의 향기
가득히도 배여 있어,
천상에 있는 양
낙원에 있는 양
기쁨과 환희의 나날
보내고 있는 나는…
나는 정말 행복한 사람!
나는 정말 행복할 사람!

4.4. 맑음

벚꽃이 예쁘게 폈다며 소식을 전해 온 친구.
이곳은 아직 개화가 드문드문인데 남쪽은
지금이 한창인 듯하여 부럽기만 하다.
얼마 지나지 않아 볼 수 있는 자연의 섭리건만
다른 이가 먼저 그 유희를 즐기고 있다는 사실이
나를, 시샘의 구렁텅이로 몰아가고 있다.

당장이라도 달려가고 싶은 심정…
만개했을 봄소식 맘껏 누리고 싶은 욕구…
그러지 못할 걸 알면서도 갖게 되는 갈망…
사진이라도 보며 심란한 마음
달래고 또 달래어나 봐야겠다.

신비의 사계
돌고 돌아
다시 마주한 그대!

한달살이 꽃송이는
변함없이 나를
반겨 주고요,
밝디 밝은 화사함은
또다시 나를
웃게 하네요.

꾸벅
인사 남기고
돌아설 때,
날리는 꽃잎으로
앞길에 분홍 주단
깔아 주시는 그대!

가득 쌓인 번뇌
걸음걸음 사르르
녹아내리고,
채울 수 없던 갈망
그윽한 향내 들어와

고이 채워 주시니…
꿈결 같은 이 길
행복의 마음으로
사뿐사뿐 잘
걸어 볼게요.

고마워요
감사해요

선물처럼 다가와
또다시 내게
힘이 되어 주는
사랑스런 그대…
내 삶의 봄이여!

4.6. 맑음

일주일에 두 번 다녀오는 병원…
염증이 낫질 않아 치료를 받고 오면
힘듦에 끙끙대는 그 모습이 참으로 안쓰럽다.
차라리 내가 대신 아파 줬으면…
젊음이 있기에 상처도 금방 나을 텐데.

몸도 마음도 지쳐 있는 어머니를 위해 족발을
사 오긴 하였으나, 애초에 의도와는 달리
나를 위한 위안거리가 되고 말았다.
정작 어머니는 입맛 없다고 드시지 못하고,
당기는 입맛을 주체할 수 없는 나만…
혼자만 먹는 게 미안하면서도
자꾸만 손이 가는 이 이율배반적인
행동을 어찌해야만 할까!?

어제의 하루도 오늘의 새벽도
또 이렇게 지나만 가는구나…
허망하게 흘러만 가는 이 시간들을…
어찌해야 할까?

4.9. 맑음

겨우내 눈꽃 되어
경이롭고 애틋하더니
지금은 눈 꽃 피어
어여쁘고 향긋하여라.

그대를 보고 있으면
아름다움에 눈이 멀고,
그대 향기 맡으면
감미로움에 하늘 날며
그대 곁에 있으면
꿈결 같은 세상 같아
그냥 다 좋아라.

햇살 아래 화사한 그 모습에
달빛 아래 단아한 그 모양에,
벚꽃 펴는 사월은 매일이
경이롭고 신비한 날들이어라.

봄님에 밀려 떠나간
겨울님 못내 보고파
주르륵 눈물 흘려대는

그 애처로움이
혹시나, 수줍은
내 짝사랑은 아닐까
두근두근
조마조마 하누나.

4.10. 맑음

잠시 잠깐 친구의 방문.
술 한잔하며 봇물 터지는 말, 말들…
업무를 보고 내려가는 길에 잠시 들렀단다
요즈음 일하는 재미가 있단다.
활기 넘치는 그 모습을 보며 부러운 마음에
'나도 그럴 때가 있었어'
속으로 소리쳐 보았다.

이제는 말하는 법도 잊어버리고
세상 돌아가는 것도 잘 모르겠고,
그저 시간의 흐름을 잊고 사는 이곳을
제일이라 생각하며 살아가고 있는 나…

어찌 보면 우울한 것도 같고
어찌 보면 행복한 것도 같고,
어찌 보면 허송세월로 시간을
보내는 것도 같고… 잘 모르겠다.

4.11. 맑음

은은한 회색 물결 하늘 아래
잔잔한 일렁임의 바람 불어
달콤한 쉼터 되어 주었던 오전…

흘러가는 구름 한 점 없는
맑은 창공의 푸르름으로
꿈결 같은 황홀감 맛보게 했던
나머지의 시간들…

하늘도 좋았고 바람도 좋았고
햇살도 좋았고, 온 천지에 만개한 벚꽃도
함께해 줘 더더욱 좋았던 하루였다.

누구에게나 공평하게 주어지는 이 하루…
작년에도 재작년에도 이러했을 비슷한 설정…
매일 매일이 오늘만 같다면 그 얼마나 좋을까?

찾았다
너에 끝자락…

오늘도 길을 걸었다
앞을 가로막는
꽃가지 하나에
우뚝 걸음 멈추고,

그 마디 따라
쭈욱 눈 옮겨
올려다본 하늘…

어여쁜 꽃송이 사이사이
수줍게 피어 있는
너를 보았다
순간 모든 게 멈추었다

그리곤 거짓처럼
평온한 마음 들고
미소가 떠오르며
행복 밀려들었다

아
그저 바라만 봐도
행복해지는 거였구나?
그 행복에… 별들도
떠 있는 거였구나!

꽃잎 속에 숨으려는
별, 너를
두 눈에 쏘옥
간아본다

4.12. 맑음

찾아 든 외로움과
한잔 술 기울일 때,
술 향기의 유혹인지
우리 사이 시기인지
어디선가 나타나
발치 앞에 내려앉은
검은색 그림자 하나.

너 한 잔 나 한 잔 우리 한 잔…

외로움의 수다에
나는 허허
그림자는 묵묵부답

술 따르는 외로움에
나는 오른 술잔
그림자는 왼손 술잔

흠뻑 취한
외로움의 음률 따라
천상에 춤 고이 추니

그림자도 흉내 내며
따라 춤추고,
엉성한 그 모양에
깔깔대는 나를 보며
동정인지 시샘인지
재잘대던 외로움
소리 없이 사라진다.

나 한 잔 너 한 잔…

모여드는 먹구름
못된 심술에
이 한밤 같이하자
맹세하던 그림자
달과 함께 가 버리니,
덩그러니 남겨진
술과 술잔
처량하기 그지없다

비라도 보내 달라
저 구름에
말해나 볼까나!

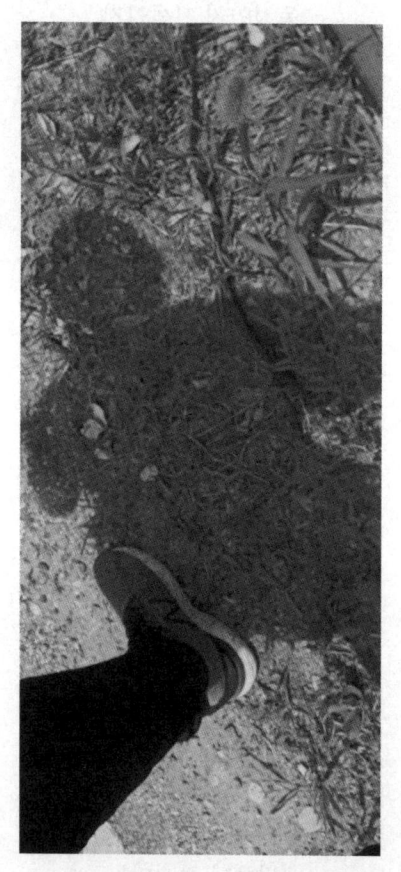

4.13. 비

그간에 참고 참았던 하늘의 눈물…
오후 시작부터 봇물 터지듯 많이도 쏟아져 내린다.
간간히 들려오는 천둥소리에 간만의 반가움도
느껴 보고, 지붕 타고 내려오는 장대비 소리에
간만의 추억들도 소환해 보고…
비는 나를,
기쁘게도 하고 화나게도 하고
슬프게도 하고 즐겁게도 하는
참 신비한 힘을 가진 존재.

스멀스멀 안개비는
신비롭게 아름다운
너 닮아 좋고,
보슬보슬 가랑비는
보드랍게 날 안아 주는
너 같아서 좋다

후두둑 소나기 소리에
반가운 너의 음성
들리는 것 같아 좋고,
쏴아악 장대비 내리면
저 멀리 아지랑이 속 희미한
너의 모습 볼 수 있어 좋다

이따금 찾아드는 비바람은
앙증스레 '툭툭' 치며
안겨 오는 너 같아 좋고,
요즘처럼 매일 오는 비는
자꾸만 널 생각나게 해서
참 좋다

비가 오면 나는 좋다
비가 오면 네가… 그립다

4.16. 맑음

바람이 전해다 준
개나리꽃 향기는
어머니의 그윽한
향 내음이어라

바람에 실려 오는
가지들의 속삭임은
정겨운 어머니의
자장노래 같아라

바람에 흘러가는
뭉게구름 속,
보고팠던
어머니의 환한 얼굴…
어머니의 고운 자태…

어머니 품속 같은
감미로운 바람 불어
기분 좋은 이 아침!

보드란 어머니의

그 손길
딱, 한 번만 더
받았으면 좋겠네

4.17. 맑음

시장 문들이 다 닫혀 있다.
이래저래 말도 걸어 보고 이것저것 구경도 하는
재래시장만의 재미를 못 보신 어머니를 모시고
마트에 가, 이곳저곳 이것저것 둘러보는 걸로
아쉬움을 달래 드렸다.
사 온 닭발도 요리하고 전도 부치고,
시금치 콩나물 미나리도 무치고…
맛있게 드시는 어머니를 보니
절로 미소 지어진다.

평범한 일상에서 찾아내는 이 행복…
예전에는 왜 미처 몰랐을까?
항상 불만에 가득찼던 그 이유를
이제는 조금이나마 알 듯하다.
참 아둔했던 나를 되돌아보며
반성이란 것도 하여 본다.

그냥 내려놓으면 되었던 것을…
눈높이를 맞추면 되었던 것을…
현실에 만족하면 되었던 것을…

지나온 날들 헤이듯
하나 둘 셋, 하늘에
별빛 세어 보았어

별 하나에 '시작',
별 하나에 '사랑' 별 하나에 '고뇌'
별 하나에 '방황' 별 하나에 '분노'
별 하나에 '슬픔' 별 하나에…

아차차
갈수록 점점 희미해져
어느 별까지 세었는지
잊어버렸네
아쉽지만 다시,
이번에는 반대편으로…

섬세하고 우아하게
다시 세어 봐야 할
내 인생의 별들…
한번 보아 보고
겪어도 봤으니
이제부터는 두 번 다시
실수하지는 말아야지!

별 하나에 '시작'부터
별 하나에 '행복'까지
밝은 별들로만
다시 한 번 더…

4.18. 맑음

하늘 못 간 서러움에
알알이 눈물 맺혀
서로가 서로 위로하다 보니
이곳에 안개 숲 만들었구나!

뜨겁게 품어줄 님 기다리며,
일렁이는 설렘으로
애타는 그 마음
잘도 달래어 보고 있구나!

너로 인해 나무는 윤기 나며
꽃은 어여삐 단장하고,
흙은 오해들 풀어
한결 부드러워졌구나!

나에게는
방해받지 않을 쉼터 주며
포근히 안아 주어 평안 주고,
구름 속 걷는 황홀감 주어
신선의 맛 보게도 하는구나!

하늘 구름 못되었다
서러워 마라
애닳다 마라

너의 존재로
많은 이들 행복 얻고
충분히 경이로우니,
오르지 말고 그대로 있거라
대지에 피는
신비로운 구름이여!

4.20. 맑음

하루하루의 삶이 너무나 좋다.
피어나는 꽃들처럼 나에게도
봄의 활기가 피어오르는 걸까?

별다를 것 없는 일상이지만
그 안에서 반짝이는 순간순간들…
평범하기만 한 이 하루가 참, 좋다.

희뿌연 안개 속에
티끌 하나 찾아내야 하는
행복 찾기… 에휴
이건 너무 어려워

지나치는 바람에 물어도
내려쬐는 햇살에 물어도
방황하는 어둠에 물어도
찾을길 없는 행복이 너!

여기구나 다가서면
먼지 틈에 숨어 버리고
저곳이다 달려가면
더 멀리 달아나 버려
도통 널 볼 수가 없으니,

아주 가끔은
기억 너머 저편의
어릴 적 나에게
같이 뛰어놀던 너를
넌지시 물어보곤 해…

찾지 못할 답안에 때로는

나 아닌 네가 되어
살짜기 그 해답을
알고도 싶어져…

어디 숨었니 행복아!

아쉬움에 오늘은,
나만을 바라는
모든 사연들에
더 많이 웃음 주고
더 많이 웃어 보고
더 많이 아껴도 봐야겠다

날 창조한 그의 마음 담아…

4.21. 맑음

싱그러운 봄기운에 가슴 설레였던 오늘.
바람이 좋았고 햇살이 좋았고
그냥… 보이는 모든 것들이 다 좋았다.

참으로 오랫동안 이 삶의 주인공이
나라는 걸 잊고 산 듯하다.
내가 있어 세상 있고, 내가 있어 너라는
존재도 볼 수 있다는 그 사실을… 앞으로,
보다 행복하고 더 행복해져야 할 나를 위해
계획을 수정하여 다시 한번 짜 보아야겠다.

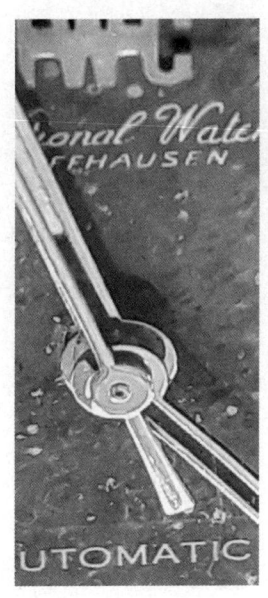

달리는 차창 너머
쫙 펴 내민 손…
스쳐 지나는 바람
거칠게 달려와
손바닥을
밀치고 때리고 할퀴며
무던히도 괴롭혀 대지만,
전후좌우 비틀대면서도
나는 잘 버텨 내고 있다

종착지까지는 가야 하기에
이 길 멈출 수는 없고,
하늘이 그리 시키니
바람은 싫어도 계속
흘러 지나쳐야만 하고…

문득, 주먹 움켜쥐어
지나쳐 가는 너를 잡았다
손안에 너는
오롯이 내 것 되어
갈 길 잃고 얌전도 하다

본래 존재가 없었던 냥

내 안의 상상이었던 양
그저 조용히 내 손 안에
머물어져 있다
야속하지도 않고
무정하지도 않게…

달리는 차창 너머
손 쫙 펴 내밀어
너를 잡았다 놓았다
내 마음대로 조율하며
남은 길,
즐겁고 편안하게
그리고 행복하게
가 봐야겠다
이제부터는…

4.25. 맑음

간만에 마시게 된 낮술…
식당을 나오니,
불어 드는 시원한 바깥바람에
갑자기 정신이 몽롱해져 온다.

모든 게 낯설면서도 어여쁘다.
새삼스럽게 정겹게도 다가온다.
무언가 꿈틀거리며 무언가
꿈을 꾸게 된다. 할 수
있을 것만 같은 확신을 품게 된다.
그것이 무엇이 되었건 간에…

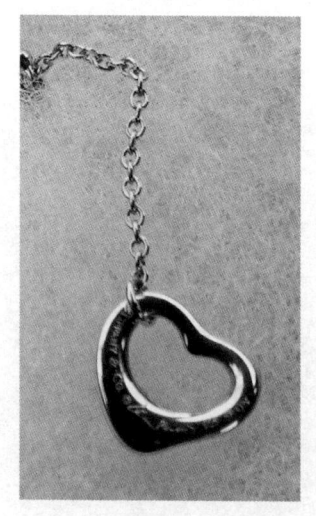

바람결에 실려 오는
낯선 향기에
무너지듯 심쿵…
두근대는 일렁임에
영혼은 달아나고,

분위기에 취하여
두 뺨 스치우는
매혹적일 바람에
그만, 되지도 않을
욕심을 꿈꿔 버렸다

나도 이제는
사랑을 하고 싶어!

바보가 되어도 좋고
자유를 뺏겨도 좋아
언젠가 기억될 오늘에
미련하나 남지 않도록
한 번쯤은
미친 사랑을
해 보고 싶어

순간의 그 떨림을
필연적 운명으로 바꾸어
매일을 하늘 날고 싶고,
"사랑해" 그 말에
세상도 다
가져 보고 싶어

쿵쾅대는 가슴
부여잡고,
긴긴밤 잠도
설쳐 보고 싶고…

한번은 보게 될
나의 인연이라면
이제는
만나고 싶다
본 적도 없는 너를…

4.28. 맑음

힘겨움에 힘들 때
아픔에 아파할 때
실의에 빠졌을 때
날 살게 하는
너의 한마디
"사랑해"

"넌 내 꺼야"
"네 생각만 나"
"너만 있으면 돼"
"너 때문에 살맛 나"
"너 없인 살 수 없어"

유치의 끝판왕인
오글거림의 사랑으로
갈수록 짙어만 가는
애정 행각에
때로는 얼굴 붉혀 보고
철면피도 되어 보지만,
너로 인해
꿈꾸는 설레임 있어

나는 너무너무 행복해

산사에 불어 든 바람이
은은한 풍경 소리 되어
고요를 잠 깨우듯,
내 앞에 홀연히 나타나
나를 일깨우고는
오롯이 내 안으로
스며 들어온
향기로운 그대!

세월 지나 어느 날,
어느 공원 벤치에 앉은
흰 머리 가득할 너에게
한쪽 무릎 꿇고
안개 낀 장미꽃 건네며
용기 내어 꼭
해 주고 싶은 말…

"이쁜아… 사랑해"

4.30. 맑음

구름 진 흐린 하늘이
조금은 센치해진 나를 만든다.
떨어지는 꽃잎에 서러움도 느껴 보고…
지저귀는 새소리에 평안도 느껴 보고…
지나려는 4월에 아쉬움도 느껴 본다.
오늘이 지나면 내 앞에 나타나 줄 5월아~
잘 부탁한다. 잘 지내보자.
그리고 행복해지자…

어느 때는 눈 되어 나리기도 하고
어느 때는 안개 되어 방황도 하고
어느 때는 비말 되어 오르기도 하였다

오늘은 잎새 위 이슬로 내려앉아
뜨겁게 포옹해 줄 태양 기다리며
하늘 오를 부푼 꿈에 젖어 있다

새하얗게 몸 태워 구름 위에 올라타
이곳 저곳 가 보고 여기저기도 보는
한없이 자유로울 영혼, 물방울!

내일은,
촉촉한 빗방울 되어
뿌리박힌 내게로 와
보고 듣고 느낀 것들
재잘대 줬음 좋겠다

비 개인 후
신비한 무지개도 되어
일곱 빛깔 다리 너머에
보고 싶던 그 예님,
오시게도 해 주면
얼마나 또 좋을까!

7.24. 비

선물처럼 다가와 준
오늘이라는 소중한 하루…
희뿌연 하늘 있어 좋았고
시린 물결 있어 좋았고
너와 내가 함께 있어
더더욱 좋았다

기억 너머 저편의
어릴 적 순수 되어
같이 웃고 같이 울며
우리가 같이 썼던
오늘의 영광은 이제
추억의 명화 되겠지만…

어느 날 어느 때
갑작스레 떠올려질
오늘의 편린들에,
고요하고 다정하게
속삭여 주고픈 말…
'그날' '그때' '그들'
'정말' '멋있었어'

그렇게 그렇게
설레일 추억 안고
세월의 끝을 향해
걸어가고 싶다

"너희들… 오늘… 진짜… 최고였어…"

7.27. 맑음

내게 잘못이 있다면
수많은 인연 중에
감히 그대를
만나게 된 것이고,
내게 실수가 있다면
감히 그대의 미소와
그대의 마음을
보게 된 것… 뿐이라오

첫 순간부터
영혼의 떨림으로
숨 막히는 고통을
안겨 주시던 그대!

내게,
웃음과 기쁨과
희망을 건네준
천상계의 그대!

그대라서…
그대여서…

웃게만 해 주고픈 그대
미래를 주고픈 그대
바라고 또 바래볼 그대

너무나,
너무도 보고팠던
내 생에
마지막 사람이라서…

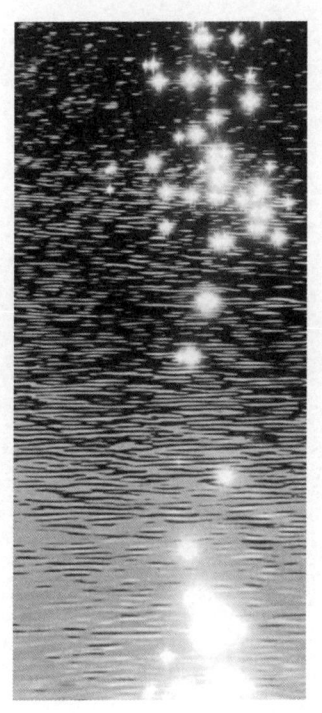

23

3.7. 맑음

병원에서 나와 시장에 갔다.
이곳저곳 구경도 하고 내일 해 드릴
팥과 찹쌀을 사고, 떡과 꽃도 샀다.
신이 나서 이래저래 떠드는 그 모습에
나도 덩달아 기분 좋아진다.
웃으시는 그 모습을 바라보며
나도 같이 웃어 볼 수 있다는 것…
이것이 사는 맛이고, 행복일까?

그가 내게 물었듯
나는 네게 묻는다
동토에도 꽃은 피는가?
설화에도 향은 있는가?

있었다.
거짓도 아니고
상상도 아니고
속임도 아니다

얼어붙은
내 마음에도
네 마음에도
꽃은 피고
향기 나니
우리,
실망하지 말고
주저앉지 말자

닫힌 마음
살짝 열고
벌과
나비 불러,

한 번만 더
꽃 피우고
열매
맺어 보자

한 번만 더
행복을
맛보자.

4.4. 비

이제 숨이 끊어져도 이상하지 않을 시기…
과연 지금의 나, 잘하고 있는 걸까?

어쩌면 당신은 지금 이 순간에도,
수도 없이 생의 끈을 놓았다 잡았다
실랑이질 하고 있을지도 모르겠습니다.
어쩌면 나는,
당신을 보내 드리고 싶어 지금
무진장 애를 쓰고 있는지도 모릅니다.

요즘 유난히 잠이 많아지신 그대!
언제 숨이 끊어질지 모를 당신을 보고도…
컥컥 숨넘어가는 당신의 괴로움을 보고도
무정하고 무감각하기만 한 내가
혹여나, 피도 눈물도 없는 괴물이
되어 버린 건 아닌지 의구심도 듭니다.

솔직히 저, 그만두고 싶은 마음이…
끝까지 곁에 남아 있어 줄 자신이…

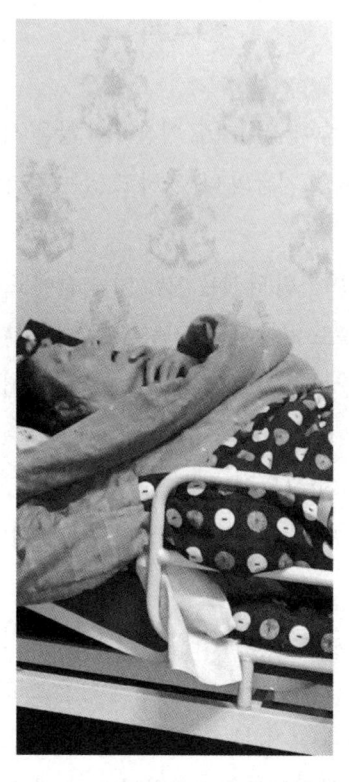

피할 수 없는 죽음은
누구나 밟아야 할 삶의 계단,
내 뜻과는 상관없이
세상이 그러하고
하늘이 그리 시키니
따를 수밖에…

백 년을 살라 하면 나아질까
천 년을 살자 한들 위안될까
오늘의 이 하루가
모이고 모여
만 년이 되고 나면
또다시 그날의 오늘에
죽음의 횡포와 만나게 될 것을…

매일같이 찾아들어
소중함 모르던
시린 햇살과
고운 이 바람은,
어제 죽은 그들이
그렇게나 갈망하던
하루임을 잊지 말자

감미로운 나의 노래와
향기로운 너의 숨결과
부드러운 그의 손길로
오늘 이 하루만큼은,
마지막 그날 온 것처럼
미칠 듯 살아나 보자…
미친 듯 살아도 보자…

5.11. 맑음

하다 하다 이제는 새벽 두 시에 밥상을 받으신다.
밥도 안 주냐는 생트집에 참고 참고 참다가
두 손 두 발 다 들고 후다닥 누룽지탕을 끓인다.
후에 있을 우리네 모습일지도 몰라 마음이
먹먹하고 쓸쓸하고 착잡하기만 하다.

정신이 맑을 때,
본인은 얼마나 답답하고 짜증 날까?
하고픈 건 많은데 몸은 따라주질 않고…
언젠가는 나도 겪게 될 순리라… 두렵기만 하다.

5.19. 맑음

오전 6시… 잠을 설쳤다.
계속된 어머니의 부름에 어제와
오늘, 제대로 잠을 이루지 못했다.
그래도 나는 괜찮은데, 어머니는
잠을 충분히 주무시지 못하면 몸에
이상 신호가 오기에 걱정이 앞선다.

오늘 저녁,
간만에 만남을 약속했는데…
아마도 그곳에 가지 못할 듯하다.
보고픈 사람들과 조금의 시간이나마
보고 듣고 말하고 싶은데…
할 이야기들이 참 많은데…

오늘 하루,
컨디션을 회복해서서
아프지 않았으면 좋겠다.
그랬으면 좋겠다…

마음이 머리를 앞서
너에게로 달려갔다

와 놓고선 뒤늦게
후회란 게 밀려든다

보고 싶음에
마음이 그리
시키는 일이라지만,
그로 인해
죄의 값을 받는 건
항상 나이다

감성이 이성을
감싸 안으면
나는 바보가 되고,
이성이 감성을
감싸 안으면 나는
아프기만 하다

그럼에도 너를
놓을 수가 없다
바보같이…

지금에도 난,
마음으로는 좋아
머리로는
안돼를 반복하며
오직 너만을 그리며
살아간다

5.20. 맑음

간만의 만남이었지만…너무나
좋은 사람들과 너무도 좋은 시간
함께 보낼 수 있어 정말 좋았다.
모처럼 만에 모든 근심 잊고
환히 웃을 수 있었던
한 시간 동안의 행복이었다.
그 짧은 시간에… 지난 세월들을
보상받는 듯한 개운함을 느껴본다.

마음에 상처가
났나 봐요

그대만 보면
괜시리 웃음이 나고,
그대를 생각하면
마냥 미소가 번져…

새벽녘 빗소리가
그대 생각 부르고,
눈 감으면 그려지는
그대 얼굴에 잠을
이룰 수가 없어…

어젯밤 그대와 나,
누구와 누가 만나
새롭던 세상 만드니
이 어찌 흥미롭지
아니할까요?

친구라는 이름으로
선물처럼 다가와 준
소중할 그대,

고마워요
감사해요
사랑해요

그대를 만나 즐거웠고
그대를 만나 행복하니
이 세상 참,
살맛 나네요

샤랄라 우리의 추억
가슴에 품고, 사르르
오늘 밤 꿈속에서
다시 한 번 더
그대를 만나
보고 싶어라

5.24. 맑음

식사가 늦어졌다.
뜬금없이 김밥이 드시고 싶다길래
급히 재료를 사와 서둘러 만들어 본다.

병원 치료를 마친 뒤 유원지에서,
싸 온 김밥을 먹으며 어머니와 즐거운
봄 소풍을 만끽하였다. 기온도 적당하고
하늘은 푸르르고… 세상은 평화롭고…
이 행복이 영원할 수 없음을 알기에
마음 한 켠에 씁쓸한 기운이 밀려든다.
그것만 빼면 최고라 할 수 있었던
날이 참 좋았던 어느 한때였었다.

눈 감으면
그리움 향내 풍기며
살포시 내 안에 스며드는
너의 그림자…

말하지 않아도 즐겁고
손잡지 않아도 설레며
보고만 있어도 괜시리
미소 지어지게 되는
너란 사람, 참
신비로운 사람!

괴로움에 아파하고
속상함에 눈물질 때,
묵묵히 손 포개어 주는
포근한 마음을 지닌
그런 사람이 난 좋더라…

인생살이 힘겨웁고
세상살이 고단해도
한결같이 변치 않는
사랑을 할 줄 아는
그러한 사람이
나는 또 좋더라…

그런 사람이 바로
너라서 참 다행이고
그러한 사람이 바로
너여서 너무나 좋다.

너무도 좋은 너와
같은 하늘 아래서
같은 시간 보내고,
같은 공간 거닐며
같은 웃음
지을 수 있었음에
나는 아마도 오늘
생애 최고의 삶을
살지 않았나 싶다

언제 또다시
이러한 날을
만날 수 있을까?

밤하늘에 폭죽처럼
너무도 아름다웠던
너와 나 우리들의
꿈결 같던 낭만이여!

5.25. 맑음

눈물은 마음속에 자리한 거울…
거짓을 모른 채 그대로를 비춘다.
슬프면 슬픈 채로 기쁘면 기쁜 대로,
아프면 아픈 만큼 뺨 타고 흘러내려
입술을 적셔대며 꾸밈 하나 없는
가슴 속 언어를 이야기한다.

잠속에 빠져 있는 어머니의 눈가를
촉촉이 적시는 지금의 이 눈물은
아마도, 그리움을 참지 못하는
마음의 진실된 표현일 게다.
어머니가 꿈속에서 외할머니를 또
만나셨나 보다. 엄마를 부르짖으며
웃다가 울다가 아이가 되었다가,
때로는 표정으로 말하기도 하고
때로는 손으로 표현하기도 하고…
지켜보고 있노라니 애처롭기 그지없다.

눈물 그친 후 세상이 맑게 보이듯,
가슴속에 자리한 희미한 그 영상
꿈에서나마 또렷이 볼 수 있기를…

아니아니,
현실에서는 볼 수 없을 그리움이기에
차라리 그 눈물에 씻기어 그 사람,
영원히 볼 수 없게 되기를…
두 번 다시 이러한 일에
눈물 흘릴 일 없게 되기를…

5.26. 흐림

새벽녘에 겨우 잠드신
어머니를 뒤로하고 침울해지려는
마음 달래려 해돋이 보러 나왔으나,
어둡고 탁한 날씨 덕에 중천에 뜬
희뿌연 해님만 보게 된 바다…

오늘은, 그 고운 얼굴 보여 주기 싫어
구름과 먼지 속에 꼭꼭 숨으셨나 보다.

아틀란티스 대륙 잠들어 있고
맷돌 돌아 소금 계속 나오며,
보물 가득 찬 해적선 묻혀 있는
어릴 적 내 고향 바닷가!

삶의 찌든 때 가득 안고
이곳에 다시 서니
짠 내음 실어 나르던 해풍
잊지 않고 날 반기고,
달려오던 파도
넘어지며 '철썩'
알알이 물방울 되어 안겨 와
재회의 눈물 마구 흘린다.

세월의 흔적 못 이겨 이제는
주름과 흰머리에 꿈 없는
낭만만이 가득한 나에게
태초에 어미는,
고생했다 수고했다
위로의 말
바람편에 전하고

지나려는 시간

발 세우며
아득히 어릴 적
그 고향으로
날 데리고 간다
잊혔던 꿈 보여 주며
나를 또, 살게 한다.

5.27. 비

이른 새벽부터
똑똑 창문 두드리며
요란 떠는 이 빗방울은
누굴 향한 아우성인가!

반쯤 섞인 어둠 속에
지붕 타고 내려와
뚝 뚝 슬피 우는
이 빗물은
누굴 위한 눈물일까?

허락 없이 단잠 깨우곤
이유 없이 소리치고
이유 없이 울어대는
해답 없을 빗방울에
또, 이유도 없이
슬퍼지려는 나…

쏟아지는 빗속에
아련히 보이는
네 얼굴 너의 손짓이

세월의 뒤안길로
날 이끌어

날아드는 빗방울
눈물 되어
흐르는 줄도 모르고,
네가 있는
그곳을 보게 한다
그곳을 걷게 한다

5.28. 비

수술받은 후 거동도 못하고 5년여의
기간 동안 침상에서만 생활하고 계신 어머니…
지켜보는 내가 봐도 참 힘들겠구나 하는데,
움직일 수 없는 당사자는 얼마나 더
갑갑하고 괴로우실까?

지켜주리라는 굳은 결심으로 내려와 여기까지 왔으나,
길어지는 돌봄과 좋아질 수 없다는 불변의 진리가
나를 무기력하게 만드는 요즘이다.
내 만족과 맞바꾼 자유이기는 하지만,
어느 때는 살짜기 그 자유로움이 그립기도 하다.
오늘처럼 비 내리는 날이면 더욱 센치해진 내가 되어,
그냥 다 놓아버리고 떠나버리고 싶다는 생각이 든다.

다른 삶을
부러워하지 말자.
나약해지지 말자.
우울해지진 말자.
…
내게 힘을 주소서!

그래야만 한다.

5.30. 맑음

요 며칠 식사량이 줄어들어
괜시리 반찬 투정하시는 것 같아
얼굴 찌푸리고 짜증을 냈었는데,
그것이 편도 때문이었음을 알고 나니
왜 이리 나 자신이 미워 보이는지…
어머니의 아픔을 헤아리지 못하고
내 입장에서만 바라보고 판단했던 나를
반성하여 본다. 주사 맞고 약을 먹으니,
저녁은 과식 폭식을 하신다.
내 마음 또한 넉넉하여진다.

5.31. 맑음

어머니의 목욕을 마친 후,
밀린 숙제 해치우듯 후다닥
문개를 씻겼다. 한다 한다 하면서도
피곤해서 내일 추워서 내일, 비가 와서 내일…
내일로만 미루던 걸 날 잡아서 같이
처리하긴 하였으나, 문개는 목욕을 했음에도
그 모양새에 별반 차이가 없다.
한 달에 한 번은 꼭 해주고 싶으나
점점 늘어만 가는 나태함과 게으름질에
실천으로 옮기지 못하니… 어찌해야 하나!!

자꾸만 멍해져 가는 나를 단련시킬
단기 계획표를 짜고, 그걸 꾸준히
실천해 나가야 할 필요성을 느낀다.
언젠가는 자유로워질 나에게,
변함없이 근사한 날 선물해 주는 것도
그리 나쁘지만은 않은 생각인 것 같다.

어딘가에 있을
그대이기에
오늘도 기다리며
하루를 살아 봅니다.

너무도 보고파서,
지나치는 구름 속에
흘러가는 물결 위에
나부끼는 바람결에
당신의 눈 코 입

그려 보지만…
자꾸 사라져 버려
고운 그 얼굴을
볼 수가 없어요.

수줍은 볼의 키스와
은은한 미소로
내게 와 줄
소중한 그대여!

이 삶이 다하기 전
다시 꼭 봐야 할 사람이
반드시 그대이기를…

이 생명 다하여
사랑할 이가
오직 그대였으면…

언젠가는 와 줄
그대이기에,
오늘도 기다리며
이 하루를 또
살아내 봅니다.

6.3. 맑음

하루 종일 주무시다가 여섯시에 일어나
이제서야 하루 한 끼 식사를 하신다.
한번 앓고 나더니, 잠자는 시간대가 바뀌어
걱정이 앞선다. 건강에는 이상이 없는지…
정신상태는 온전하신지 이것저것 체크를 해가며
화투와 윷놀이를 하고 TV를 보며
이 얘기 저 얘기 갑론을박을 해본다.

내일은 외삼촌 댁에 과일 사 들고 가 보자 하시는데,
이 핑계 저 핑계를 대며 난 또, 다음을 기약할 수밖에 없다.
2년 전에 돌아가신 외삼촌 소식을 아직 알려드리지 못하였기 때문…
유독 사후세계를 두려워하시는 이분께,
어찌 말씀드려야 평정심을 잃지 않을지
아직 그 해답을 찾지 못하였기 때문이다.
어쩌면 타고난 성격 탓에 답이 없을지도…

지금은, 나의 거짓된 이 행동이 어머니께는
최상의 답안일 거라 믿으며… 오늘도 곁에 앉아,
종달새처럼 재잘거리며 긴긴 이 밤…
무사히 지켜 드리는 것으로
내 존재 가치의 소임을 다 해 봐야겠다.

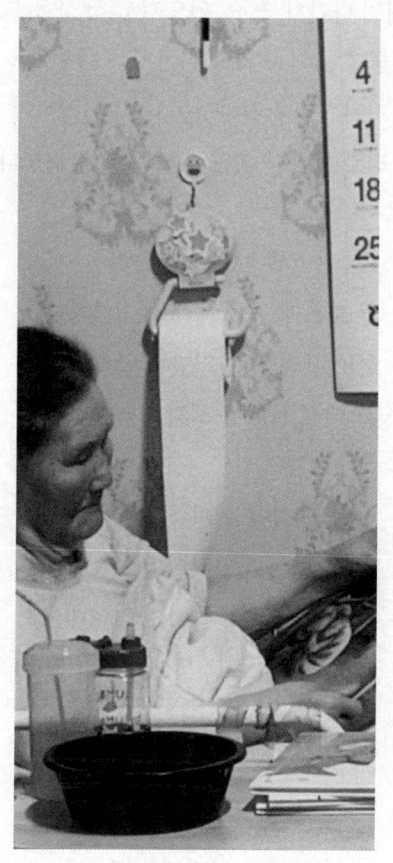

6.5. 맑음

애처로운 부르짖음에 벌떡 일어나 침대에
걸터앉아 뻐근한 허리를 잠시 달래어 보고는,
휘청대며 다가가 '으쌰' 일으켜 앉혀 물을 드리고,
등을 긁어 드리고 이야기를 나누고…
기저귀를 확인하고는 다시 휘청이며
자리로 돌아와 피곤에 쩌든 몸을 뉘인다.

우주를 빙빙 돌며
끝 모를 탐험을 해대는 미아마냥…
꿀맛 같던 잠은 저만치 달아나서는
다시 돌아올 생각을 않는다.

한번 깬 잠에 쉬이 잠은 오질 않고,
눈알들은 어지러이 위로 아래로
옆으로 쉴 새 없이 움직여대며
잠을 저만치로 더 밀어내고만 있다.

에구구… 오늘도 축 처진 눈까풀로
하루의 삶을 또 살아 내야겠지.
내가 아기였을 때
어머니도… 이리하셨겠지?

6.7. 맑음

눈 떠 보니 아침햇살 기웃기웃
눈 돌리니 어미 모 쌔근쌔근…
담배와 커피 연기로 6월 6일
하루의 해를 시작한다.

주무시는 동안 잠시 업무를 보고
넓다란 집구석을 쓸고 닦고,
모니터 속 사연들에 울고 웃고…
그러는 사이 일어나신 어머니
홍어와 함께 아점 식사를 뚝딱.

머리 감고 어여삐 단장하여
휠체어로 동네를 둘러보고 집에 와,
미나리 없는 달디단 아구찜에
아구 좋아 아구좋아를
연발해 대시는 울 엄마!

심심하다 보채시니 윷놀이에 홧투도 치고,
그땐 그랬지 이게 좋아 그건 아냐
끝없을 이야기보따리로 수다를 떨다가
드디어 기나긴 하루의 해는 끝을 맺고…

어느새 또다시 찾아든 새로운 새벽…
선잠 깬 어머니
목축이곤 다시 드르렁드르렁.
이제사 깊은 잠에 빠져드는 걸 보며,
안녕함을 기원하고 쓸쓸함을 노래하고…
오늘은 또 어떤 하루의 해 피고 질까
기대 만발.
내심 걱정.

다람쥐 쳇바퀴 돌듯
돌고 도는 시곗바늘…

채칵 채칵 초침 소린
시험 보는 수험생들에겐 환장할 소리
잠 못드는 환자들엔 요란한 천둥소리

퉁 퉁 시침 소린
나라 지킬 이등병에게는 통곡의 소리
내일 만날 연인들에게는 애타는 소리

시계 테두리 안속
크고 작은 톱니바퀴 맞물려
시계 바늘은 돌아가고,
세상 테두리 안속
크고 작은 사건들과 맞물려
우리네 인생도 돌아가고

시계는 인간의 강요에 움직이고
인간은 시계의 강요에 움직이고

틱 틱 분침 소린,
연설하는 정치가에게는 긴장의 소리
칼퇴근 아빠에겐 애간장 녹이는 소리

6.8. 맑음

맘도 무겁고 몸도 무겁다.
가을만 타는 줄 알았는데 이제는,
초여름도 타나 보다.
무력감과 울적함이 공존하며 그냥,
훌쩍 떠나고 싶다는 마음뿐…

피로가 밀려든다.
이 무기력증을 이겨 낼
그 무언가를 빨리 찾아내야 한다.

웃는 것도 싫고
먹는 것도 귀찮고
화내는 것도 짜증 나고
그냥 모두 다 미워 보이고
조금도 움직이기가 싫어지는
오늘은 그런 날…

그날의 마음 따라
그날의 기분 따라
부정도 되고
긍정도 되는
그런 날들의 연속을
살고 있는 나…
내일은,

그냥 좋은 날
그냥 즐거운 날
그냥 웃음 나는 날
그냥 다 이뻐 보이고,
아무거나 막 하고 싶어지는
그런 흥겨운 날
되었으면 좋겠다.

6.10. 비

깊은 밤, 친구에게서 전화가 왔다.
어쩌면 애타게 오지 않길 바랐을 현실…
어쩌면 내심 기다렸을지도 모를 현실…
"어머니, 소천하셨다."

아픔에 들떠 괴로워하시는 어머니를
옆에서 지켜보며 하루 이틀… 일년.
참 많이도 애태우며 아파했을 그 친구!
지금은, 마지막 가시는 길 지켜 드리며
식장에서 어떠한 생각을 하고 있을지…

얼마지 않아… 언제인가는
나도 겪어야만 되는 일!
그날에 내 심정이 지금에
이 친구의 그 마음과 같을까?
어떠할지…

울면서 이 세상에 왔다가
울리며 저 세상으로 가는
참 이기적인 우리네 인생…

6.13. 맑음

주사를 맞고 돌아오는 차 안에서
춥다시며 온몸을 떠시는 어머니…
허둥지둥 어찌어찌하여 집에 와
이불을 뒤집어쓰고 누워 계시다.
이제는 항생제 약 기운도
이기지 못할 체력이 되신 게다.

너무도 고요히 주무시기에 나도 모르게
자연스레 가슴부위로 눈이 옮겨진다.
당연히 이불은 위아래로 움직여 주지만,
그래도 떨칠 수 없는 이 불길함은
어찌할 수가 없다. 이제는 곁눈질이
자연스레 습관화 되어 버린 나…

사 온 통닭과 싸 놓은 김밥은 아마도
9시 이후에나 드시지 않을까 싶다.
지금까지의 선례를 봐서는…

무언가를 맛있게 드시는 어머니의 모습이
그렇게나 어여뻐 보일 수가 없는데…
그것이 내겐 더 없을 삶의 에너지인데…

6.14. 맑음

종일 잠만 주무시는…
섣불리 깨워 식사 드리면 남은 하루
속 거북함에 고생만 하실 것 같아 쉽사리
깨우지도 못하고, 보고만 있자니 마음이
불편하여 평정심을 유지할 수가 없고…

이제는 깨워서 뭐라도 드려야 하는데…
기저귀 갈 때만 잠시 반응하시는
어머니는 진정, 동화책 속에 나오는
그… 잠자는 숲속의 공주이런가!

혹시나
목소리 들을까
그대 생각에
설렘으로
하루를 시작하고

오늘도
잘 지내고 있을까
그대 생각에
그리움으로
하루를 보내며

혹여나
볼 수는 있을까
그대 생각에
애태우며
이 하루를
살아내 봅니다.

오늘 하루도
그대 생각에
바보가
되었던 나!

첫 단추를
잘못 꿰어
내일도,

눈 뜨면
자연스레 하게 될
바보 같을
그대 생각…

6.17. 맑음

왠일로 오늘은 점심때 참치죽을 다 드신다.
"아휴 이뻐" 말하니 "나 이뻐?" 되물으신다.
농을 던지시는 걸 보니 이제 살만하신가 보다.
병원 다녀오시고 며칠 고생하신 어머니를 위해
오늘 저녁은 보양식으로 백숙을 준비하여 본다.

요 며칠 잠을 못 이기시는 어머닐 보며
오만가지 상상들로 맘고생을 하던 나였다.
깨지 않을까 걱정도 되고 무섭기도 하고…
아직은, 아직은 보내 드리고 싶지가 않다.

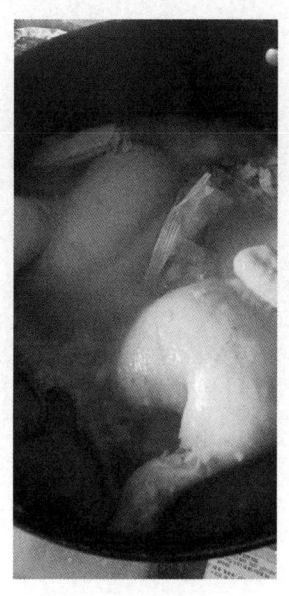

6.19. 맑음

담벼락 위로
외로이 가로등 켜있고,
눈 태운 바람
나방처럼 그
주위를 맴돈다

송이송이 불꽃 되고
너울너울 파도 되어
시리도록 어여쁘게
어둠 속을 노닐다가,

또다시 팔랑팔랑
님 찾아 떠나가는
얄밉고도 부러운
용광로 열기 속의
저 눈, 눈들…

나도,
나부끼는 바람결에
이내 영혼 실어
자유로이

훨훨 날아 보면
얼마나
얼마나 좋을까?

상상조차 하면 안 될
한여름 밤에
서글픈 나의 꿈…

6.21. 비

새벽 2시…
이곳에 모두는 잠을 잊었다.
형광등은 그 빛을 뽐내고 있고
시끄럽게 TV는 울어대고
밖에 비들은 쉼 없이 떠들어 대고…
어머니는 지치지 않는 에너지로
조금만 더 놀아 달라 떼를 쓰신다.

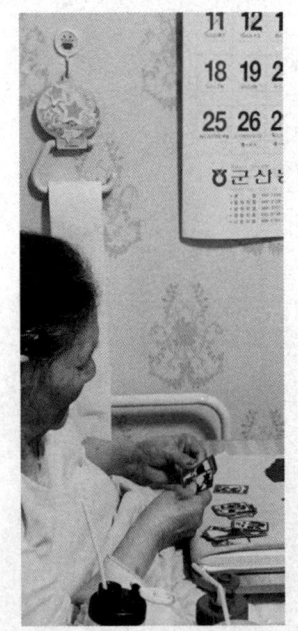

아무리 애써도
지울 수 없는 너 이기에
가슴에 묻어 두고
이대로 살아야지.

기나긴 너와의 인연
단 한 순간 사라지고
짧지 않은 지난 추억
모두 다 그리움 되니,
첫 만남
그 순간을 원망하며
이제는 죽어도
눈물 흘리지 않으리.

이대로 너를 품고
살다 살다 보면
언젠가는
익숙해지는 날
반드시 오겠지!

이 한밤
가슴속의 너는
또다시,

네가 있을 그곳으로
어여 가자 재촉하며
오늘도 날
바보로 만든다.

6.25. 맑음
....

10시에 기상시켜 간단히 마사지를 해 드리고,
조금만 드신 식사 대신에 군고구마를 드리고
화투도 치고 책도 읽고 동네 한 바퀴도 돌고,
집으로 와 머리를 자르고 목욕도 시켜 드리고
저녁으로는 맵지 않은 닭볶음탕을 해 드리고…

    9시… 방금전 화투를 마치고 나서
오늘 처음으로 침대에 누워 허리를 쭉 펴고
옆 침대에 책 읽으시는 어머니를 바라본다.
몇십분쯤 뒤엔 또 놀아 달라 하시겠지?
하루 종일 옆에 붙어 있기만을 바라시니
내 시간을 가져볼 엄두를 내지 못한다.
갈수록 힘듦을 느끼기는 하나,
언젠가는 끝을 보일 진실이기에
그날까지는 옆에 있어 드리려 한다.
아파할 후회는 만들고 싶지 않으니까…

밖에, 장마라는 이름의 비가 내리고 있다.
몇 날 며칠을 쉬지 않고 내릴 이 비에
너무 심취해져 가는 내가 되지 않기를…
침울하고 우울해지지 않게 되기를…

책을 덮고… 내 이름을 연신
불러대시는 어머니… "네~"
또, 시작이다.

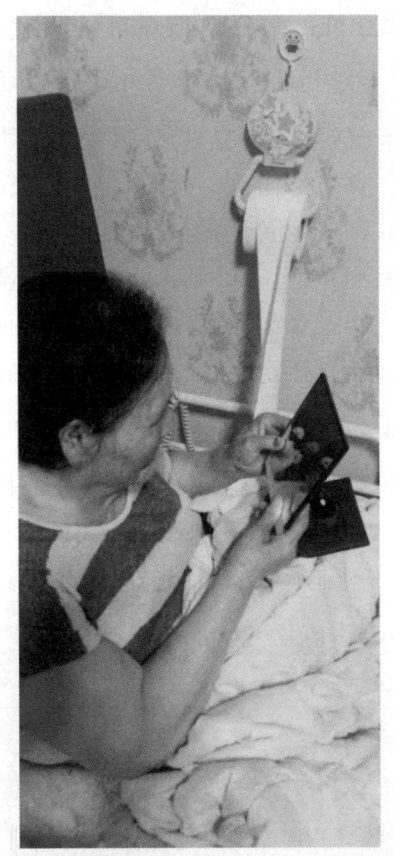

6.29. 비

하루에도 몇 번이고 미워지다가도
몇 번이고 미안해하고… 몇 번이고
얄밉다가도 몇 번이고 측은해진다.
언제까지고 변함없어야 할 일상…
내가 지켜야 할 이 지긋지긋한 하루…

비는 하염없이 내려 주고,
어머니는 낮잠 주무시고…
정자에 홀로 앉아 마시는 한잔 술이
나를 취하게 한다. 늘어나는 술병들이
날, 감성 덩어리로 만들고 있다.

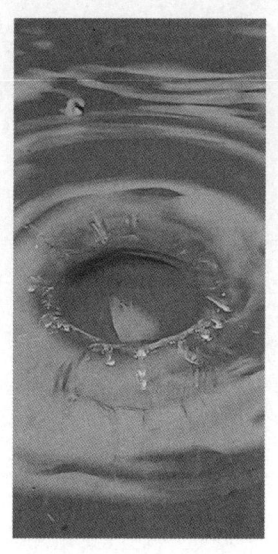

손가락 끝마디에
사뿐히 내려앉는
방울방울 고운 님들…

간지러운
입맞춤 해대며
또르르르
엉금엉금,
간절한 몸짓으로
도랑을 건너고
계곡을 넘어대며
모락모락 새하얀
입김 뿜어대는
치명적일
그 유혹이란…

스며들 듯
옷깃에 숨어들어와
가슴께로 모이고 모여
심장 속 샘터에
한 방울 톡…

은빛 파장의 물결이

잊혀졌던 너머에까지
둥실둥실 퍼져나가
일렁거리는 추억으로
눈시울을 적시 우더니,
눈동자에 그만
눈의 꽃을
그리고 말았다

겨울 창가에
시리고 시린
서리 피어나듯…

7.3. 맑음

한시도 떨어져 있지 않으려는 듯
연신 내 이름을 불러 대신다.
뿌리치지 못하고 나는 쫄래쫄래 다가가
옆 의자에 앉아 투정어린 한숨을 내쉬며
소소하게나마 불만을 토로한다.
다른 식구들 말마따나 처음부터
버릇을 잘못 들인 건가? ㅎㅎ

방학이라고 내려와 준 아들 덕에 당분간은
좀 편해질 수 있을지… 잘 커버해 주어
잠시간의 자유를 만끽할 수 있게 되는지…
참 미안해지면서도 은근 기대를 품게 된다.

딸과 아들과 나를 위해, 올 여름에
사용하게 될 풀장에 물을 받고 있다.
두 시간째 채우고 있는데 아직도 발목
언저리밖에 차지 않았다. 어찌 보면
물 사치를 떠는 게 맞는데… 이로 인해
두 달여간 나름 행복해질 수 있다면
이 또한 좋지 아니한가!

7.11. 비

오늘은 유독 더 보채신다.
둘 보다는 셋이서 노는 것에 한창
그 재미를 붙이셨나 보다.
수시로 놀아 달라 애교질을 해대니
아들도 귀찮아하는 기력이 역력하다.
미안하신지 피자를 시켜주라 하시는데…
너무 늦은 시각이라 나는, 냉장고를 뒤져
볼품없고 맛도 없을 피자를 만든다.

세월을 보내고 나이를 먹는다는 것…
참으로 슬프고도 안타까운 일일 듯 싶다.
잡지도 못하고 막지도 못하는
덧없을 시간의 흐름 속에,
이곳저곳 몸은 말을 듣지 아니하고
입맛은 바뀌어 점점 까다로워지고,
벗 해줄 이들은 하나둘씩 사라져만 가고…

인생 참…
곁에서 지켜보고 있노라니,
애처롭기 그지없다.

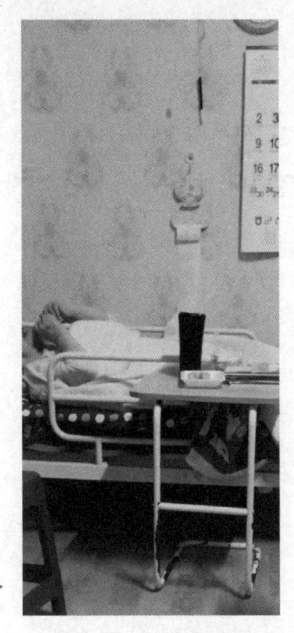

답답하지도 않나 그곳은…
불편하지도 않나 거기는…
아프지도 않나 거기 그곳은…

십리쯤은 멀다 않고
광주리 이고 지더니,
무에 그리 볼 게 많은지
얼마나 부끄럼 없길 바라는지
지금은 열 뼘 침대 위에 누워
하릴없이 천정만 보고 계시다.

이 세상 내 것인 양
천방지축 날뛰더니…
새색시 또 되고픈지,
얼마나 무서운 이 있는 건지
지금은 태풍 속의 눈처럼
고요하고 얌전도 하시다.

아끼던 네자 장롱 속
곱게 개인 옷가지와
이제는 닳지 않을
가지런한 꼬까신에
할 말 잃은 이 심정,
찢어지는 이 가슴과
알지 못할 이 울분…

이 밤 지나 해 뜰 녘,
그립고도 정겹던
엄마의 칼도마 소리
들려와 준다면
그
얼마나 좋을까?
얼마나 좋을까!

7.14. 비

정기적으로 한 달 중에 하루 정도는
온전히 나만을 위한 자유의 시간을
가져보고자 다짐을 했었다.
그로 인해 22년도에 가질 수 있었던
3일간의 자유로운 시간…
그걸로 끝이 날 걸 알았다면
좀 더 재미나게 즐길 걸 그랬다.

자유시간 내내 떠나지 않던 근심과 걱정…
맡겨놓고 다녀오면 꼭 찾아드는 죄스러움…
하루 사이에 나빠진 것만 같은 건강 상태…
천상 어머니 곁을 한시도 떠나지 못하는
성품을 타고났나 보다.
그렇게 물이 들었나 보다.
이곳에 있는 동안에는 자유를
꿈도 꾸지 말아야 할 듯하다.

그러해야겠다. 조바심 내며
다니느니, 차라리 그것이 낫겠다.
나의 꿈은 오늘, 넘쳐나는 이 폭우 속에
깔끔하게 휩쓸려 사라졌다.

7.18. 비

뚝뚝 떨어지는 빗물에 잠을 이루지 못하고,
투둑 지붕을 때리는 빗소리에 잠을 설쳤다.
어머니도 그러했나 보다.
자다 깨다를 반복하시다가 지금에서야
비로소 깊은 잠에 빠져드신 듯하다.

다행스럽게도 여기는 그제 어제 날이 좋아
모두가 원상복구 되었지만, 올 장맛비로 인해
들려오는 타 지역의 비 피해 소식에
가슴이 아프기만 하다.
하늘의 뜻이기에 어찌할 수는 없다지만,
그 피해 정도는 인간의 노력 여하에 따라
조금이나마 줄일 수 있지 않을까 싶다.
내가 이곳에 있는 것도 어찌 보면
하늘의 뜻을 거스르는 것일수도…

간만의 햇살이 좋아 목욕도 시키고
습기 찬 집안도 쓸고 닦고 해댔는데,
밤새 내리는 빗줄기에 또 습하기만 하다.
감기려는 눈 비비며 하루를 시작한다.

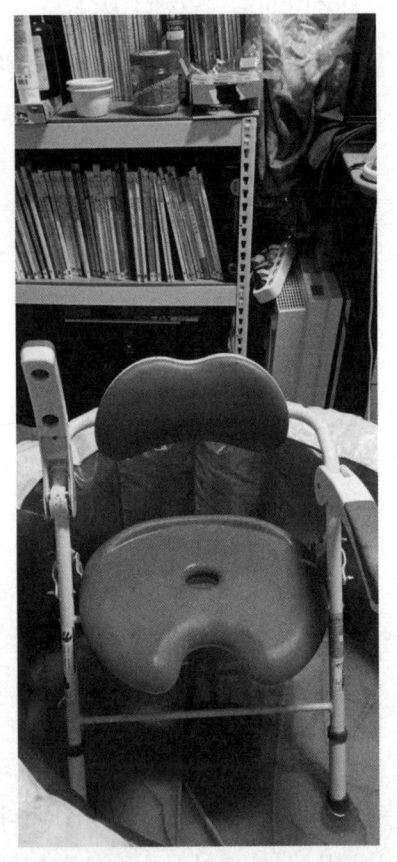

어느 날은 행복만 하다가도
어느 날엔 서럽기만 하고,
어느 때엔 미워 죽겠다가
또 어느 때는 어여뻐 죽겠다

모든 걸 주어도 아깝지 않고
모두를 받아도 왠지
부족하기만 한… 그것이
내가 아는 사랑이다

한마디 말로
아픔을 주다가도
한마디의 말로 또,
기쁨과 미안함도 주는
참 알 수 없는 존재…

사랑은, 나를
비우고 너를 채워가며
온갖 시기와 질투 속에
상처 입고 아파해 하면서
수시로 눈물 글썽거리기
일쑤이다. 그럼에도
바보스럽게

뭐가 그리 좋다고
"헤헤"

그러면서도 듣고 싶어
기대하고 고대하는
그 말…
"사랑해"

내 편이 들려주는
세상에서 가장 달콤한
그 한마디.

7.21. 맑음

사단이 난 듯하다.
시각은 새벽 5시를 넘어서고, 한밤 내내
골골거리며 연신 기침을 해대시는 어머니!
결국, 에어컨과 선풍기 바람에 목감기를
얻으셨나 보다. 그리 조심조심 하였건만…
일단은, 저번에 지어온 감기약과
미지근한 물을 드렸으나 잦아들진 않는다.
몇 시간 후 상황을 봐서 약국을 가든지
병원을 가든지 해야겠다.

마음껏 더위를 달래지 못하는 아들이
지금은 또 왜 이리 안쓰러워 보이는지…
옆방에 가서 잠을 청해도 괜찮으련만
제 딴에는, 할머니가 걱정되는지
한사코 한 방에 같이 있으려 한다.

3대가 서로의 사상을 가지고
잠을 잊고 맞이하는 21일의 아침…
밖엔 여명이 밝아져 창가를 환하게 비추고,
무더위는 또다시 방 안으로 들어오려
슬금슬금 눈치를 살피고 있다.

매일 반복 되어지는
이 삶…
잘하고 있는 걸까?

7.23. 비

끊이지 않고 내려지는 이 비에
맘속이 심란하기 그지없다.

자유스러움이… 너무 그립다.

어느 때부터인가
말하는 법을 잊었다
웃는 법이 잊혀지고
노는 법도 잊어졌다

시간조차 잊고 산다.
존재 가치도 모른 채
홀로서기만을 충실히
연마해 나가고 있다

이곳에서는,
우울해져도 안 되고
술에 빠져도 안 되며
잠에 취해도 안 된다.

다 늙어빠진 어미의
어미 새로 산다는 것…

그날,
나에 만족을 위해
자유를 져 버리는
어리석은 선택만은
하지 말았어야 했다

그나마
다행스러운 건,
쌓여져 가는
추억꺼리들 있어
오늘도 내가 이렇게
살아지는 것이다.

7.27. 흐림

누구나 미래를 꿈꾸면서 생의 마지막 여정은
생각하질 않는다. 그리 좋지 않아서일까?
아니면, 떠올리기조차 끔찍한 일이기 때문일까?

새벽 5시…
잠을 잊은 어머니는 젊은 시절에
이러한 현실을 상상조차 하셨을까?
물을 마시고는 싶은데 손을 뻗어 물병을
잡지도 못하고 혼자서는 앉지도 못하고,
다리와 머리가 가려운데 긁지도 못하고…
하도 불러대서 미안함에
나를 부르지도 못하고…

내게도 분명 꿈꾸는 미래가 있다.
하지만 그곳에, 암울하기만 한
황혼의 비애만은 넣지 않으리라. 그저
지금의 남들처럼, 놀고 먹고 즐기며
맘껏 자유를 누리고 만끽하는
그러한 삶만을 살아 보리라…

8.3. 맑음

뼛속을 파고드는 바람 마냥, 이별 뒤의
적막을 파고드는 공허함에 가슴속이 시리다.

개학 준비로 훌쩍 가버리는 딸래미…
아쉬움과 미안함이 동시에 밀려와
고독에 무뎌졌던 나를 일깨우고는
복잡미묘한 감정을 확 끄집어낸다.

어머니를 돌본다는 핑계로 지방에 내려와 떨어져 있으면서,
남들 다 하는 그 흔한 여행도 외식도
산책도 못하고, 살뜰히 보살펴 주지도 못하고…
그래도 우리는
아직 살아갈 날들이 많이 남았으니,
조금만 더 이해해 주렴. 미안하고 미안해…
그리고 또 미안해. 미안해…

좋아한다면 잘해 주세요
그래야 후회가 없대요

사랑한다면 변치 마세요
그래야 후회되지 않는대요

보고 싶으면,
더 늦기 전에 보도록 해요

전화도 하고 달려도 가고…
안 하고 후회 따윈 말아요

때가 지나 잊혀져 진다면,
미치게 보고 싶고
미치게 그리워도
참고 참아야만 한답니다

지금에 제가 그러하네요
추억만을 생각해대며
마냥 행복해하다가도
어느 날엔,
눈물만 주렁주렁 나고…

이제부터는,
그러하지 말아요 우리.
후회하지 말아요 우리.

8.5. 맑음

주사를 맞고 나면 매번 힘들어하시니
이제는 병원 가기가 겁부터 난다.
일주일에 한번…
병원에 가서 환부를 소독하고 독한
항생제를 맞으시면 춥다시며 자동차에
에어컨도 못 켜게 하고 창문도 못 열게 하시니,
돌아오는 차 안은 완전 찜통더위 그 자체이다.
집에 와서는 이불을 푹 뒤집어쓰고는
오돌오돌 떨며 서너 시간 누워있으니
보기에 참 애처롭고 안타깝기 그지없다.

어제부터 힘겨워하시는 어머니를 위해,
점심으로 백숙을 준비하였다.
다 드시고 나면 탕도 드리고
전과 튀김도 드리고…드시고 싶은 건
뭐든 다 준비해서 드릴 생각이다.

코까지 골며 주무시는 어머님 모습이
지금은 평온해 보여 참으로 다행이다.
완벽하진 않지만 이렇게라도
조금만 더 이 공간에 계셔만 주기를…

8.8. 맑음

"물 좀 줄래?"
"나 좀 일으켜 줘", "물 좀 줘~"
어렴풋이 들려오는 외침 소리에
꿈결인가 싶어 눈을 뜰까 말까 갈팡질팡하다가,
계속 이어지는 어머니의 목소리에 일어나 보니
시각은 5시 30분… 현실에서의
애탄 어머니의 부르짖음이 맞았다.
분명 3시에 새로이 물을 드린 것 까지는
기억나는데… 그새 깜박 졸았었나 보다.

오늘은 유독 물을 많이 드신다.
이 밤에만 벌써 세 번째 갈아 드린 물병.
물 많이 먹으면 잠 못 잔다는 내 말에
"그럼 먹지 마?"
되물으시고는 누   다가 1분도 안 돼서
"나 물 좀 줘" 하신다.
ㅎㅎ 그 표정과 말투가… 귀엽다.
다 늙은 할매의 애교질에 잠이 저만치 달아났다.

어머니는 지금도 두 눈 멀뚱멀뚱 뜨고는
천정을 보며 흥얼흥얼 노래 부르신다.

그 옆에 나 또한 말똥말똥 잠을 잊었다.
오늘도 이렇게 새 아침을 맞는다.
잠시 후에 어머니는 밤샘 피곤에 지쳐
잠이 들겠지? 그럼 나는 그 얼굴을
빤히 내려다보며, 조금만 더 이곳에
있어 달라 속으로 빌어볼 테고…

자식이 웃어주면 하루를 더 살고
손을 꼬옥 잡아 주면 밤을 견디시고,
엄마 엄마 불러주면
한번 더 깨어난다는 그 말…

기저귀를 갈고… 오늘도 또 시작이다.

8.9. 맑음

기저귀를 갈고 자리에 앉혀 등을 긁어 주니,
"아휴, 시원해" 고맙다 하시고는 왼손을 붙들고
느리게 느리게 입으로 가져가 입맞춤을 해주신다.
"고마워" 이 새벽에 참,
쑥스럽게 고마워 타령을 해대신다.

흥건히 젖은 옷을 갈아입히고, 부채질로
바람을 일으켜 몸의 열기를 삭혀 드린다.
바람 쐬는 걸 워낙에 싫어하시니,
에어컨이나 선풍기 틀기가 조심스럽다.
어려서부터 익히 알던 일상이라 별반
이상할 건 없는데… 그로인해 해마다
돋아나는 땀띠에 속상하기 그지없다.
얼마나 갑갑하고 가려우실까?!

아들은, 어제 아침에 나가서 먹은
순대국밥이 그렇게도 좋았었나 보다.
어제 잠자리에 들기 전,
오늘은 분식집으로 가자고 다짐 또
다짐을 받고서야 비로소 잠을 청하던
그 모습이 눈앞에 선하다.

어찌 모르겠니 너의 마음…
음식 보다는, 같이하는 그 의미에
행복을 느낀다는 것을…
미안하다 아들.

어머니가 주무셔야 애를 깨워
밖에 나가는데, 잘 생각을 안 하신다.
지금 시각은 아침 7시…

8.13. 맑음

눈뜨고 맨 먼저 보여지는 영상…
자연스레 반쯤 벌린 입을 하곤
손을 가지런히 배꼽 위에 올려놓고
천정 향해 얌전히도 누워계신 어머니.
흡사… 연상되는…
불길한 마음에 가슴의 숨 고름을 확인하곤
안도하며 등 돌려, 이 생각 저 생각들을
해대며 하루의 아침을 맞는다.

머리를 동쪽으로 해도 서쪽으로 해도
눈 떠보면 항상 어머닐 향해 누워 자는
이상한 버릇이 생겨버린 나.
혹여나 어머니가 식사를 거부하시면,
괜히 화를 내고 짜증만 내는 나… 간혹,
어머니의 활짝 핀 웃음을 볼 때는
세상을 다 가진 것 마냥
한없을 행복감에 들떠지는 나…

세상에 나를 있게 해 주신 분!
지금에 나를 있게 해 주신 분!
그것만으로도 내게,

갚지도 못할 은혜를 주신 분!

이 세상 그 누구보다도
당신을 사랑하고 존경합니다.
처지가 지금과 같다하여
미안해하지도 말고
고마워하지도 말고
그저, 지금처럼만 그렇게 우리
오래오래 같이 살아가 봅시다
어머니…

9.2. 맑음

새벽 세시 반…얼핏 잠든 잠결에
나를 찾는 어머니의 다급한 외침 소리.
용변을 보신다 하여 변기에 앉혀 드리고 보니
바닥에 피가 흥건하다.
약지 발가락에 발톱이 빠져 있다.
약지면 네 번째… 왜, 왜지?

오만가지 상상으로 그간에 쌓여있던
어머니를 향해 부르텄던 심술보가
스르르 녹아 없어지고, 그 자리에
잠을 잊게 만드는 의문과 추리만이
새로이 생겨나 이 밤을 함께하고 있다.

앓던 이가 빠지면 시원하다는 그 말…
그러해서일까? 코까지 골며
깊은 잠에 빠져드신 어머니.
한편으로는 얄밉기도 하고
한편으로는 또 측은하기만 하다.
요 며칠간… 서운함에 꿍 해 있던 나
자신을 되돌아보며, 속 좁은 아들만은
되지 말자고 되뇌고 또 되뇌여 본다.

치맷끼에 헛말을 하셔도
어머니는,
세상에 단 한 분뿐인
내 어머니인 것을…

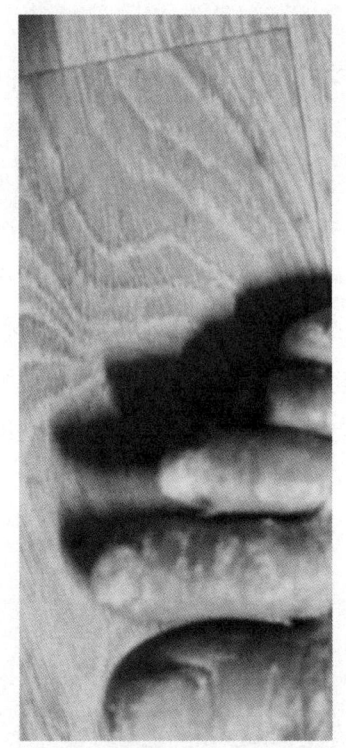

9.5. 맑음

당신의 활짝 핀 웃음꽃 보니
그래도 오늘, 나름
잘 살았나 봅니다.

그대가 웃으면
나도 따라 웃게 되고,
그대 얼굴에 환한 미소 지어지면
내 마음속엔 행복이 쑥 자라나죠
그런 그대를 위해 내일 하루도
우리 둘, 평화롭게 잘살아 보길
바라고 또 바래 봅니다.

어찌하다 보니 살게 된 삶…
누구나가 다 살아가는 삶…
째깍째깍 쉼 없이
그날을 향해 살아지는 삶…

과거와 미래를 관장하는
대지의 여신인 그대여!
내게, 현재를 선사해 주신
위대한 여인…

나의 어머니!

당신의 팔십구번째 생신을
축하드립니다.
곁에 계셔 주셔서 감사합니다.
그리고 고맙고 또 고맙습니다.
소중하고 고귀한 나의 보물…

9.12. 맑음

엄습해 오는 무기력중에 요즈음 나는
초점 없는 휑한 눈으로 그저, 지나쳐가는
세월의 꽁무니만을 바라다보곤 한다.
잡지도, 함께 걷지도 못할 처지이니…
속절없이 멀어져가는 그 뒤태만을 쫓으며
미안함과 안타까움에 가슴 한 켠이
쓰리고 저리고 아프기만 하다.

나는 왜… 나만 왜? 라는 물음에
명확한 답을 찾을 길 없어
한없이 풀이 죽어있는 나에게
이제는 그 무언가 특단의 조치를
취해야 할 때가 온 듯하다.

어머니와 하루 종일 화투를 쳐야겠다.
어머니와 실컷 나들이를 다녀야겠다.
어머니와 마음껏…

아! 가을…
또렷한 방안도 없이
무작정 나를 무장해제 시키는

결실의 계절!
낭만의 계절!
방랑의 계절!

무사히 지날 수 있기를…

9.15. 비

오늘은,
내려지는 빗줄기 바라보며
하루의 아침을 시작합니다.
드르렁 코골이 소리와 후두둑 빗소리가
한데 어우러져, 한편의 서정적 음률을 만드니
감흥에 취해 나도 모르게 자꾸만 많은
생각들을 하고 맙니다.
행복과 불행, 슬픔과 기쁨, 만남과 이별
환희와 고독… 그리고 사는 것과 죽는 것.

어제, 병원을 다녀와선…여느 때와 똑같이
온몸 빠빳하게 굳어 바들바들 떠시는 어머니께
솜이불 한 장 두 장 덮어드리며 속으로
참 많은 눈물 흘렸더랬습니다.
누가 누가 그런 거짓을 말했을까요?
나이 들면 모든 것이 다 무뎌진다고…

이런저런 이야기들로 밤을 지새우다
끝 새벽에 겨우 곯아떨어지신 어머니!
세상에 그 많고 많은 인연들 중에
감히 제가 당신의 아들로 태어나,

같은 공간 안에서 원 없이
그대를 볼 수 있게 된 이 행운이…
내겐 얼마나 큰 기쁨으로 와 닿는지
당신은 아마 잘 모르실 겁니다.

어머니… 엄마!
부디… 오래오래
살아 주세요.

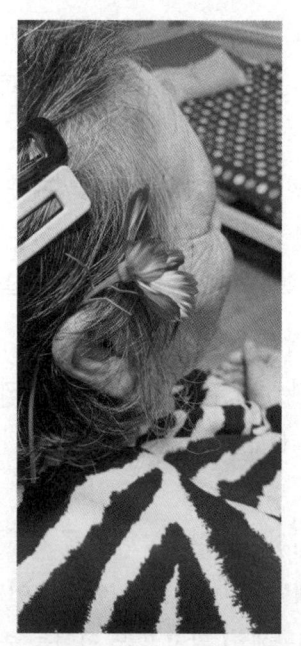

9.26. 맑음

낮에 뜨는 달 되고
밤에 피는 달 되어
밝음 속에서나
어둠 속에서나
변하지 않을 달빛으로,

누가 널 뭐랄 때
여린 너의 등
살포시
감싸 안아 주고

갈 길 잃어 헤맬 때
구름 뚫고 달려가
고요히
앞길 비춰 주며

때론
삶의 무게 힘겨워
공원 벤치 앉아
한잔 술 기울일 땐,
움켜쥔 너의

술잔 속 들어가
묵묵히
푸념 들어 주는…

달과 같은 친구 되고 싶다
변치 않을 친구 되고 싶다

그게 나였으면 좋겠고
그게 너였으면 좋겠다

10.12. 맑음

나는 안다
이 계절이 지나면 끝이
더 가까워진다는 것을…

어찌하다 생겨 나와
싫다해도 살아지고
좋다해도 끝나지는
억지스런 우리네 인생!

한 잎 두 잎 잎새 떨구며
앙상해져 가는 그 모양새를
바라만 봐야 하는 나여서
참 애처롭고,
지나쳐 간 여름처럼
거짓 없을 약속
한번 못하는 너라서…
더욱 더 애달프다

그래서 나는 바란다.
단지, 후회만은
하지 않는 삶 살기를…

10.21. 맑음

점심 찬거리가 별로였었나 보다.
몇 술 뜨지 않고 상을 물리시니, 바로
입맛 돋구기용 튀김을 준비해 본다.
새우튀김 고구마튀김…
지금까지 겪어본 바로는,
튀김 요리로 입맛을 살려드리면
다음날까지는 식사 시간을
즐거워하시리란 걸 나는 안다.
그 여세를 몰아 저녁은 백숙 한 마리…

그 많은 튀김들과 백숙을 다 드시고
배가 남산만 해지신 어머니…
도도하고 우아하고
새침하고 까탈스런 그녀!
나는 그저 이리 평소대로 곁에서
밥 짓고 놀아 주고 얘기 나눌 터이니,
그대는 그저 하던 대로
한 가지 일만 쭉 해 주시오.
하루를 살아내는 그 위대한 일을…

10.24. 맑음

기저귀를 갈고 픽 쓰러져 잠든 귓가로
어머니의 기도 소리와 찬송가가 들린다.
두려움과 외로움에 홀로 밤을 지새시는
어머닐 위해 눈을 뜰까 말까…
놀아드려야 하나 마나… 잠 속에서도
참 많은 생각들을 하게 되는 새벽 4시.

좁디좁은 침대 안에 갇혀 자유를 잃고,
언제 끊어질지 모르는 한 많을 이 생에
그 어떤 미련이 남아 저리도 애써 가며
아침을 맞이하려 하는지… 그 모습이 참
안쓰럽고 애처롭고 측은하기만 하다.

어찌하여 신은…
어찌하여 나는…

사랑하는 그대
걱정하지 말아요.

슬픔 나누고 눈물
닦아줄 나 있으니
그저 맘껏,
울어나 보오

손 잡아 주고 설움
함께할 나 있으니,
외로워 말고
두려워도 마오

홀로
가시려는
그 날…

하늘의 별
함께 따 줄
나 있으니, 그리
걱정하진 말아요
둘도 없을
나만의 님아!

11.1. 맑음

내가 좋아하는 가을이 요즈음
내 곁을 떠날 준비로 한창이다.
들판에 곡식들 하나둘씩 비우더니
이제는 산천초목 여기저기에 울긋불긋
꽃 대궐 차리며 남으로 남으로
발걸음을 옮겨 가고만 있다.
거짓 없을 약속으로 내년을 기약하며
안녕을 고하는 11월의 첫날인 오늘…

5년 만에 찾아온 조카가 사 온 빠알간
내복을 입고 묵묵히 식사 중이신 어머니.
표정이 그리 밝지만은 않다.
그간 왜 찾지 않았는지, 어찌 살았는지…
다른 조카들은 어찌 사는지 일체 묻지를 않고,
올해의 첫 햇반과 찬들을 말없이 드시기만 한다.
사촌 누이 또한 그 곁에서 고요하기만 하다.

서운도 하겠지…
미안도 하겠지…
하지만 서로들…
이해는 하겠지…

사촌 누이도 어느덧 예순넷.
몸에 하나둘 이상 신호는 오고,
이곳저곳 인사 다니기도 귀찮아질 시기.
직계가족의 애사도 빈번해지면서 그저
쉼 없이 흘러가는 세월만을 탓할 나이…
떠나보낸 것도 떠나온 것도 아닌데,
야속하기만 한 세월을 원망하고 원망한들
무슨 소용 있으랴. 홀로 가슴 치며
나만 아파하고 또 아파해 할 수밖에…

만약 만약에…
시간을 거꾸로 되돌려 다시 한번
살 수 있는 기회가 내게 주어진다면,
기억 너머 저편 속의 어릴 적 내가 되어
아직은 젊고 고운 어머니와
웃음으로만 살아갈 수 있을 것 같은데…
한 번만 더 기회가 주어진다면,
행복 더하기 행복으로만 잘 살 자신
분명… 분명히 내겐 있는데…

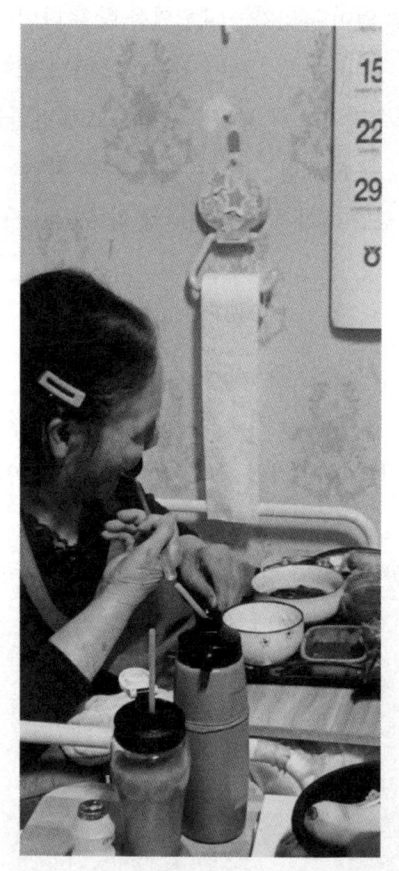

11.9. 저녁에 비

콜록콜록 끊임없는 어머니의 기침 소리가
잠을 저만치 몰아내며 이른 아침을 부르고,
밤을 지샌 눈꺼풀은 자꾸만 내려앉으며
파르르르 안식을 갈망하며 떨고 있다.

돌아오겠다는 분명한 약속과
돌아오겠다던 거짓 없을 약속이
모두 다 잘 지켜지는 요즈음…
모두들 그 경외의 풍경에 환호를
질러대는 가을과 겨울의 만남이
나는, 그리 달갑지만은 않다.

지금도 쉼 없이
가래 끓는 쇳소리를 내시는 어머니.
아이고 아이고만 읊어대시는 우리 엄마!
한숨도 못 주무셨는데 식사는 드려도 되나…
병원을 다녀오긴 해야 하는데, 혹시나 싶어
밖으로 나가기조차 두렵기만 한 나!
얼른, 결론을 도출하여 행동을 취해야만 한다.

일단은 보일러 온도를 더 높이고,

식사 대용으로 누룽지탕을 끓이고…
오전 중으로 내과와 정형과 신경과에 들러
진료와 약을 타 와야겠다. 그리고는
주사 기운에… 잠을 재워야겠다.

어쩌다가, 어쩌다
이리되셨는지…
참 불쌍하네 울 엄마…

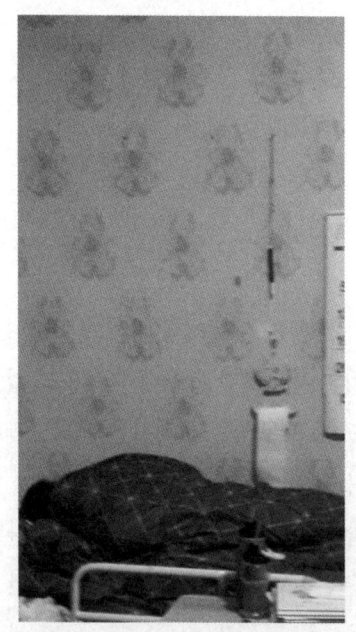

11.14. 맑음

하루 종일 끊임없이 이어지는 어머님의
기침과 중얼거림… 한번 아프고 나더니
정신줄을 마구 놓으려 하신다.
내일은 보약을 지어야겠다.
시리고 아프고 쓰라리지만…
더 이상 뭘 어찌해드릴 수가 없으니
곁에라도 꼭 붙어있어 드려야겠다.

얼마나 무서우실까?
하루를 살게 되고 하루를 살아내고
하루를 살아가야 한다는 그 사실…
미처 몰랐었다. 그 삶의 무게를…

어쩌면
잠 속에 고이 죽어져 있다가 아침 되면
기적적으로 살아나 하루의 시간을 보내고,
또다시 밤이 되면 언제 깨어날지도 모르는
죽음에 빠져드는 날들이 우리네 인생일지도…

당연하듯 죽음을 매일 연습하기에
그 공포를 애써 지우려 하지 않아도
발버둥 치지 않아도 마냥 두렵지만은 않지만,
삶의 고단함에 지쳐 미궁 속의 잠에 빠지려는
오늘이 어쩌면 생의 마지막이 될지도 모르는
갑갑하고도 또 답답하기만 한 일!

혹여나
내일의 하루를 또 살게 되는 기회가
다시 한번 더 내게 찾아와 준다면,
많은 날 소중함 잊고 지내던 그에게
사랑을 속삭이며 나를 말해야겠다

나를 꼭 말해 봐야겠다

11.30. 눈

소록소록 별들이 수북하게 내려앉는 밤…
부쩍 잠이 많아진 어머니를 바라본다.
측은하고 안타깝고 미안하고… 두렵다.

산다는 것… 무엇일까?!

(無)
그래서
그래서
얼마나 다행인지

(生)
그래도,
그래도
얼마나 다행인지

(滅)
그나마
그나마
얼마나 다행인지.

가져갈 추억 있어…

12.6. 맑음

어제는
한밤 내내 배고파 밥줘를 외쳐대며
꼭두새벽에 밥상을 들이게 하시더니,
오늘은 잠 못 드는 긴 긴 이 밤을
주여주여… 주님과 함께하고 계시다.

방안에 울려 퍼지는 고함 소리에
눈을 뜰까 말까, 일어나야 하나 마나…
심오한 내적 갈등으로 시름시름 앓다가
결국엔 쪼르르르 그의 곁으로 다가가,
잠 좀 자자는 푸념을 늘어놓으며
어김없이 찾아오는 아침의 해를 맞는다.

잠시 잠든 꿈결 속에서 외할머니를 만나
엄마를 불러대며 징징 눈물 짜내더니…
또 갑자기 두 눈 번쩍 뜨고는,
밥 짓겠다고 옷 입혀 달라 떼쓰시는
고귀하고 고귀하신 나의 어머니…

조금 더 있으면 세상 모르게 잠 속으로
곤히 빠져드실 이분! 바라뵈는 그 모습에

속상하고 화도 나고 안타깝기 그지없지만,
신의 권능이 없는 나로서는…
그저 이렇게 곁을 지켜 드리며
기저귀를 갈고 말벗을 해드리고
끼니 끼니를 챙겨만 드릴 수밖에…
이러한 내가 참, 얄궂고
얄밉고 또 아쉽고 아슾다.

24

2.14. 맑음

해도 해도 너무하게 이름을 불러대신다.
새벽 세 시에 "잘 자~" 손 인사 하고부터
동이 트는 지금까지 여섯 번이나 불려 일어나,
일으켜 앉혀 물 드리고 젖은 기저귀를 두 번
갈아 드리고… 꾸벅대며 이 얘기 저 얘기
다 들어주고… 하, 어제 그제 오늘은
계속 이러하신다.

낮에는 병든 뭐 마냥 비실비실 잠만 주무시고,
밤이 되면 오뚝이처럼 발딱 일어나려고만 한다.
안 오는 잠에, 누워있기가 참 힘이 들겠지.
그 긴긴밤 지새우기가 따분도 하시겠지.
괜히 측은하고 안쓰럽고 죄스럽기까지…
같은 인간으로써 그 불편함을 아는 나로서는
뭐라 불평불만을 딱히 토로할 수가 없다.
지금도 두 눈 말똥말똥…쉴 새 없이
끙끙대며 꼼지락거리고는 있는데,
하도 불러대서 아들에게 미안해서인지 입을
꾹 다문 채 부르지도 못하고, 그저 침대에
묶여있는 밧줄만 줄기차게 만지작거리고 있다.

'혼자 놔두고 건넌방에서 잠이나 실컷 잘까?'
'아냐 아냐, 혼자 있으면 무서워서
막 헛소리 해댈 거야!'
제대로 잠을 못 잔다는 사실에 억울해지면서도,
한편으로는 이렇게나마 보고 듣고 말할 수 있어
정말 다행이라는 생각이 퍼뜩 듦에…
'피식' 어처구니없는 웃음 지어지게 되는
그러한 아침을 맞는다. 오늘 하루도
무탈히 잘 지내 봅시다 어머니.

2.25. 비

문득 생각이 들었다
어느 날 갑자기, 나를 부르는
이 목소리가 들리지 않는다면?

자꾸 헛소리를 해대길래
무대응 하며 무시를 했다
마음이 편치가 않다

갈수록 꺼져만 가는…
이제는 얼마 남지 않은…
이러다 갑자기 홀연히
아무 말 없이 가시면…

그래… 그래,
있을 때 잘하자
조금만 더 이해해 드리자

있는 동안만이라도
실컷, 맘껏 보고 듣고
떠들 수 있게 해드리자.
지난 후엔 두 번 다시
할 수 없는 일들이니…

2.27. 맑음

어제의 그가
그토록 애타게
부르짖던
오늘
이 하루…

말할 수 있어 좋고
들을 수 있어 좋은
이 하루에
감사하며 살고

볼 수 있어 좋고
만질 수 있어 좋은
이 하루를
사랑하며 살자

햇살 퍼 좋고
노을 져 좋은
이 하루와
감미롭게 살고

죽어가는 이와
새로운 이를 위해
이 하루는
좀 더 의미 있게
살아가 보자

오늘에
이 하루만은…

7.4. 맑음

간밤 내 내 이름을 불러대며 괴롭히더니
이제는 왜 밥도 안 주고 굶기냐며 기어코
아침 5시에 밥상을 받아 내시고는,
비실비실 몇 술 뜨더니 못 먹겠단다.
어이없고 허탈하고 헛웃음 나는데…

불쌍한 양반… 가여운 양반…
보고 있으면 괜히 그냥
눈물만 나게 되는 사람!
미안함도 없는데 죄스러움에
고개도 못 들게 하는 사람!
엄마 엄마… 엄마.

7.20. 맑음

요환아… 요환아… 수시로
밀려드는 파도 소리에 잠을 못내 이루고,
주룩 주루룩 내려지는 빗소리가 한데 어우러져
바이오리듬이 교란되며 결국 잠을 잊고 말았다.

마음대로 잠도 못 자게 성가시게 하고,
드럽게도 말도 안 듣고 자기 맘대로인
통제 불능 이 노인네…금쪽같은 내 청춘을
잘도 갉아 먹고 사는 웬수 같은 이 할망구!
얄미운 양반.
괘씸한 양반.

그렇지만 내가,
좋아하는 이 사람!
사랑하는 이 사람!
존경하는 이 사람!

언제고 언제까지나 웃게만 해 주고 싶은데…
하나둘씩 망가져 가는 몸 탓에 힘은 부쳐 오고,
불확실한 미래의 모습에 가슴은 답답해져 지고…
머지않아 닥쳐올 우리네들 모습인 듯 하여

시간이 지날수록 점점 두려워만 진다.

지금 시각은 새벽 4시 44분…

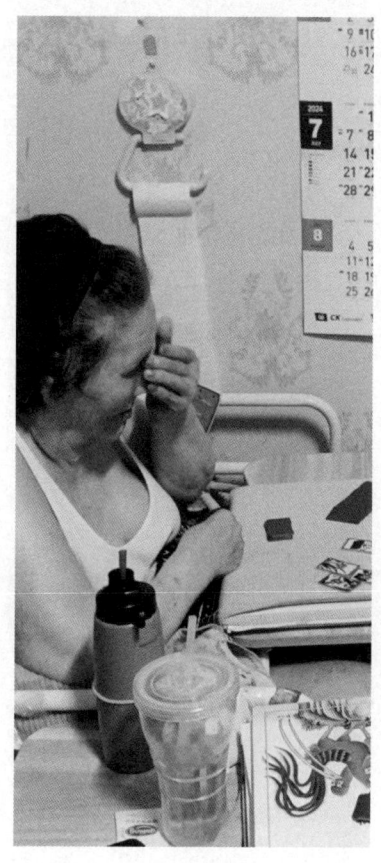

10.19. 맑음

이 가을에는
성질내지 않게 해 주시고
아파하지 않게 해 주소서

그리고,
흔들리지 않게 해 주시고
포기하지 않게 해 주소서

또한,
욕심내지 않게 해 주시고
비워 내려놓게 해 주소서

그리하여…
그분의 웃음소리 하나로
모두 위안받게 해 주소서.

10.21 흐림

속상함이 온몸을 휘젓고 다니며
머릴 아프게 하고 가슴을 막막하게 하고
갈팡질팡 안절부절 못하게 해대고 있다.

보쌈을 드시고는 두 시간째
헛구역질과 구토를 해대며
손 따 달라고 아우성을 치신다.
너무 꾀병을 부리는 것도 같고,
정말 많이 아픈 것 같기도 하고…
지금은 지쳐서인지,
눈을 감고 그렁그렁 하신다.
이럴 땐 정말, 속상함에 속이 탄다.
애가 탄다. 왜 급체를 해가지고서는…

방금전 화투 치자는 소리가 들렸다.
아휴, 이젠 되었나 보다.
제발 아프지 말고
오래오래 살다 갑시다 쫌…

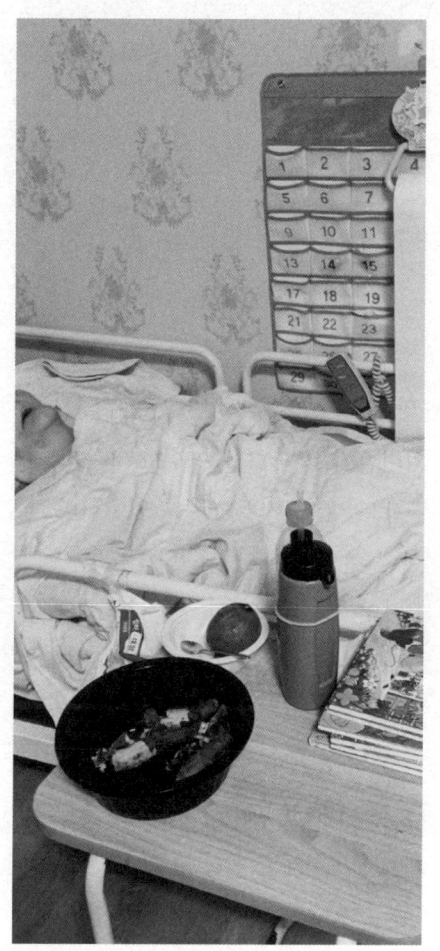

11.1. 비

무엇도 해 드릴 수 없음에…
곁에 있으면서도, 두 눈으로 빤히 보면서도
당신의 아픔과 고통…그 아우성에 아무것도
해드릴 수 없음에 나 자신이 참 한스럽고
초라하기만 합니다.
그러하기에 더 미안하고 죄송합니다.

이 밤…
처절히 아픔을 호소하는 당신께 난,
목 몇 번 적셔 드리고 기저귀 몇 번 갈아주고
의미 없는 속삭임 몇 마디로 다독거리며
그저 곁을 지켜만 주고 있습니다.
어찌해야 당신이 안 아플지…
어찌해야 당신이 편안해할지…
어찌해야 당신이 웃을 수 있을지
전, 알지를 못합니다.
배우질 못해 무지하기만 합니다.
가련한 그 모습에 막 울어도 보고 싶은데…
그날 오면 언제고 흘릴 눈물이기에 지금은
참고 또 참으며 감추어 보려 합니다.

그대가 아니면 안 되는 일…
날 웃게 하는 일

그대가 아니면 안 되는 일…
내가 행복해지는 일

그대가 아니면 안 되는 일…
나를 살게 하는 그 일

마이 다이어리

ⓒ 문요환, 2025

초판 1쇄 발행 2025년 4월 28일

지은이	문요환
펴낸이	이기봉
편집	좋은땅 편집팀
펴낸곳	도서출판 좋은땅
주소	서울특별시 마포구 양화로12길 26 지월드빌딩 (서교동 395-7)
전화	02)374-8616~7
팩스	02)374-8614
이메일	gworldbook@naver.com
홈페이지	www.g-world.co.kr

ISBN 979-11-388-4247-1 (03810)

- 가격은 뒤표지에 있습니다.
- 이 책은 저작권법에 의하여 보호를 받는 저작물이므로 무단 전재와 복제를 금합니다.
- 파본은 구입하신 서점에서 교환해 드립니다.